天津市民俗类经典非物质文化遗产

赵宏 ◎ 主编

中国纺织出版社有限公司

内 容 提 要

民俗类非物质文化遗产作为中国传统文化的一部分，不仅是风俗习惯的传承，更重要的是其所承载的文化内涵的延续。本书立足于非物质文化遗产的传承与延续，通过图片、文字、传承人及风俗相关人员专访等多种形式对天津经典的民俗类非物质文化遗产的起源与演进、内容与程式、风俗趣事、经典场景、传承展望等进行了全面的呈现和深入研究，为大众了解天津民俗类非物质文化遗产提供了丰富的信息。

本书可供文化艺术类相关专业学生学习使用，也可以为传统民俗保护领域的实践工作者和理论研究人员提供参考。

图书在版编目（CIP）数据

天津市民俗类经典非物质文化遗产／赵宏主编．--北京：中国纺织出版社有限公司，2024.3
ISBN 978-7-5229-1425-1

Ⅰ．①天… Ⅱ．①赵… Ⅲ．①非物质文化遗产—介绍—天津 Ⅳ．①G127.21

中国国家版本馆 CIP 数据核字（2024）第 042862 号

责任编辑：朱利锋　　责任校对：高　涵　　责任印制：王艳丽

中国纺织出版社有限公司出版发行
地址：北京市朝阳区百子湾东里A407号楼　邮政编码：100124
销售电话：010—67004422　传真：010—87155801
http://www.c-textilep.com
中国纺织出版社天猫旗舰店
官方微博http://weibo.com/2119887771
北京华联印刷有限公司印刷　各地新华书店经销
2024年3月第1版第1次印刷
开本：787×1092　1/16　印张：11.5
字数：175千字　定价：128.00元

凡购本书，如有缺页、倒页、脱页，由本社图书营销中心调换

前言

党的二十大报告明确提出要传承中华优秀传统文化。中华优秀传统文化是中华民族的文化根脉，不仅是中华民族思想和精神的内核，而且对解决人类问题有着重要价值。

传统民俗作为非物质文化遗产中的重要组成部分，反映了不同地区历史和文化的记忆，深入挖掘传统民俗中蕴含的思想观念、人文精神、道德规范，结合时代要求继承创新，具有重要的意义。

本书立足于传统民俗这一重要非物质文化遗产的传承与延续，通过图片、文字、传承人及风俗相关人员专访等多种形式对天津经典的民俗类非物质文化遗产的起源与演进、内容与程式、风俗趣事、经典场景、传承展望等进行了全面的呈现和深入研究，为大众了解天津民俗类非物质文化遗产提供了丰富的信息。

本书可供文化艺术类相关专业学生学习使用，也可以为传统民俗保护领域的实践工作者和理论研究人员提供参考。

在本书的写作过程中，我们既阅读、参考了国内外学者撰写的有关资料，也开展了大量的实地调研。在此，我们对所有对本书创作有贡献的人一并表示诚挚的感谢。书中图片来源，除特别标注外，其余均由笔者拍摄和整理。

本书由天津财经大学赵宏主编，天津财经大学纪春明（参编第二和第五章）、王红（参编第一和第七章）、韩竹（参编第四章）、付警安（参编第三和第五章）、孙宏乐（参编第三章）以及天津工业大学刘宇（参编第一章）、马涛（参编第六章）、李笑言（参编第六章）、王书琛（参编第六章）也参与了本书的编写工作。

由于传统民俗类非物质文化遗产的保护工作正在不断深入，加上编者水平有限，书中难免存在不尽完善之处，恳请广大读者批评与指正。

赵宏
2023 年 12 月

目录

第一章　妈祖祭典（天津皇会）……………………………001

第一节　起源与演进……………………………002
第二节　内容与程式……………………………007
第三节　风俗趣事………………………………011
第四节　经典场景………………………………016
第五节　风俗相关人员专访……………………034

第二章　妈祖祭典（葛沽宝辇会）……………………………047

第一节　起源与演进……………………………048
第二节　内容与程式……………………………051
第三节　风俗趣事………………………………053
第四节　经典场景………………………………054
第五节　风俗相关人员专访……………………057

第三章　潮音寺民间庙会……………………………063

第一节　起源与演进……………………………065
第二节　内容与程式……………………………068
第三节　风俗趣事………………………………072
第四节　经典场景………………………………075
第五节　风俗相关人员专访……………………082

第四章　大杨宝辇出会 … 093

第一节　起源与演进 … 095
第二节　内容与程式 … 098
第三节　风俗趣事 … 100
第四节　经典场景 … 103
第五节　风俗相关人员采访 … 106

第五章　独乐寺庙会 … 111

第一节　起源与演进 … 112
第二节　内容与程式 … 116
第三节　风俗趣事 … 120
第四节　风俗相关人员专访 … 121

第六章　运河文化（杨柳青段）… 127

第一节　起源与发展 … 128
第二节　运河文化的内容 … 133
第三节　风俗趣事 … 145
第四节　经典场景 … 146
第五节　风俗相关人员专访 … 149

第七章　天津茶楼文化 … 155

第一节　起源与演进 … 156
第二节　内容与程式 … 165
第三节　风俗趣事 … 169
第四节　经典场景 … 171
第五节　文化传承 … 173

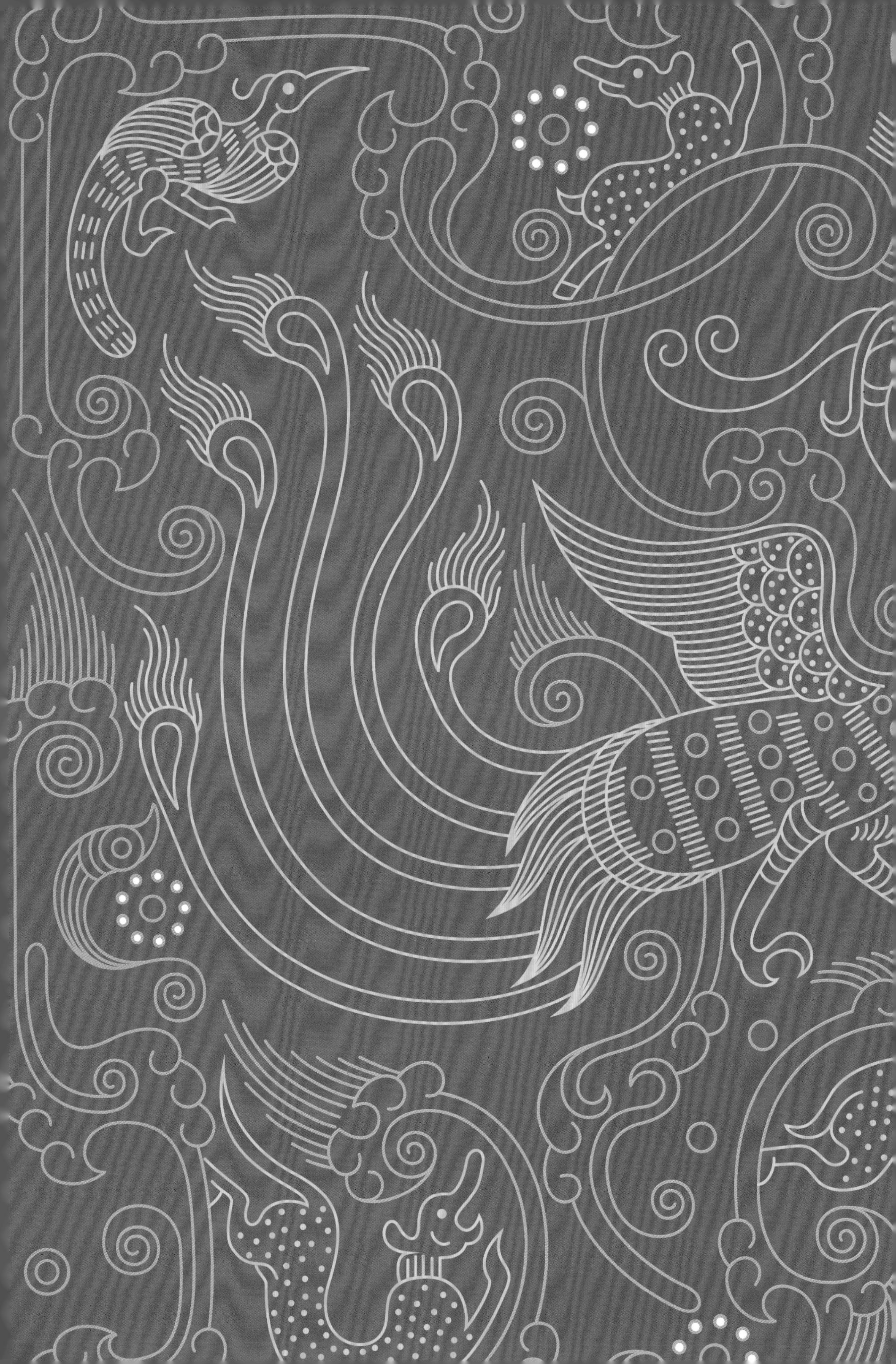

第一章

妈祖祭典（天津皇会）

天津皇会，也被称为"娘娘会""天后圣会"，起源于元明时代，属于我国北方特有的一种妈祖祭典，具有天津地区特点。它原本是为祭拜海神天后娘娘而在其诞辰所进行的庆典仪式，但随着文化传承与社会发展，皇会主题与内涵也越来越丰富，并逐渐演变成为集祈福、会亲访友、社会交往、城乡商品交换等多种功能于一体的庙会活动。2007年，妈祖祭典（天津皇会）入选"天津市首批非物质文化遗产名录"；2008年，由天津市民俗博物馆申报，妈祖祭典（天津皇会）被列入"国家级非物质文化遗产名录"（表1-1）。

表1-1　天津皇会项目简介

名录名称	名录级别	申报单位或地区
妈祖祭典（天津皇会）	国家级	天津民俗博物馆

天津皇会主要包括送驾、接驾、巡香散福、天后寿诞、行会表演等活动内容，可谓筹划精细、设施完备、会规严密、层级分明、仪式繁缛，其行会表演更是融合天津民间各种技艺之精华，每种表演都由一个乃至数个团体组成，形成功能各异、种类繁多的老会或圣会队伍。所谓"老会"，一般是成立历史久远，以三代以上的弟子居多，在表演和技巧上别具一格且能得到各会认可。"圣会"则稍逊一筹。

第一节　起源与演进

一、风俗的起源

妈祖祭典（天津皇会）起源于民间的"娘娘会"。天津人对海神妈祖有一个亲昵的称呼，叫"娘娘"。民间有言："先有天后宫，后有天津卫。"天后宫是天津人供奉海神妈祖的宫庙，坐落在古城东门外，临近海河三岔河口，是天津市著名的古建筑之一。

（一）漕运兴起，酬神祭祀

元朝时期，海上漕运盛行，天津成为漕运的重要转运地，妈祖信俗遂借助漕运由福建、江浙一带传入天津。为使漕运顺利进行，当时朝廷加封妈祖为"天后"，并在天津三岔河口漕粮转运码头附近敕建"天后宫"（图1-1），成为历史上仅有的由当朝皇帝下令建设的妈祖宫庙。每逢出航的漕船顺利到达直沽，人们就会到天后宫迎神赛会，这种酬神仪式便是"娘娘会"的雏形。尤其到了农历三月二十三日"天后"诞辰日，广大民众都要到天后宫给"娘娘"祝寿，进行擎香礼拜、灶火表演等活动。

图1-1　天后宫

（二）官方参与，行会统一

初期，"娘娘会"一年要举办好几次，除了农历三月二十三日"天后"诞辰日外，每年的腊月十五到正月初一，还会举办几场大规模庙会。到了清康熙年间，天津官员意识到民间的"娘娘会"在出会时间上过于杂乱，且多次举办、劳民伤财，不仅难以有效带动当地经济和周边市场发展，还容易出现各种问题，于是上报朝廷，提议将这些时间不固定、形式不统一的酬神仪式一并改在天后诞辰之前举行，并按照"送驾""接驾"以及"出巡散福"的流程出会四天。康熙皇帝非常重视，认为这个建议可行，就下旨要求天津各级人员统筹安排"娘娘会"事宜。于是，这一民间酬神仪式开始转变为有官方参与、行会统一的"娘娘会"。

(三) 更名"皇会",盛大壮观

清朝皇帝康熙和乾隆路过天津时均在观赏了"娘娘会"的表演后,给予高度赞赏,康熙赐予了黄马褂,乾隆赐予了黄马褂、金项圈和两面龙旗。"娘娘会"因此更加名声大噪,之后改名为"皇会"。加之乾隆时起至清朝末年,天津城市风光如画、百姓安居乐业、商贾富庶闲暇,使得当时天津皇会的出会仪仗极其讲究、尽显奢华,成为天津皇会的全盛时代。现收藏在中国国家博物馆的清代彩绘作品《天津天后宫行会图》,取材自妈祖"出巡散福"以及各个老会、圣会献艺表演的盛景,共89幅图,涉及89起、106道皇会表演,共画有人物5000余人、白马8匹、圣母銮驾5乘,各种执事灯、扇、伞、旗、阁、塔、亭、乐器共计4000余件。足见天津皇会所呈现出的盛大壮观的皇家气势,远非一般庙会能比(图1-2)。

图1-2 《天津天后宫行会图》中的"天后圣母"华辇

图片来源:吕伟涛.《天津天后宫行会图》中的妈祖信俗[J].文化遗产,2019(6)

二、风俗的演进

以时间为轴线,天津皇会由最初的妈祖祭典仪式发展演进至今,经历了四个过程(图1-3)。

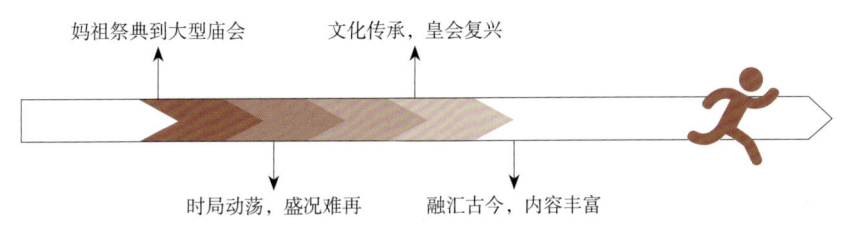

图1-3　皇会风俗演进历程

（一）妈祖祭典到大型庙会

随着社会、经济、文化的发展，民间为祭祀"天后娘娘"诞辰而举行的庆典不断丰富，从最初单一的妈祖祭典逐渐形成了祈福还愿、会亲访友、商品买卖为一体的大型庙会形式。

（二）时局动荡，盛况难再

1900年5月，八国联军入侵天津，战火连天，人心惶惶，兴盛了几百年的皇会不得不停办。此后差不多十年举办一次（图1-4）。

值得一提的是，1935年，经天津工商业巨头商议并呈报政府，决定在1936年举办皇会，这也是民国历史上最后一次举办真正意义上的皇会（图1-5、图1-6）。

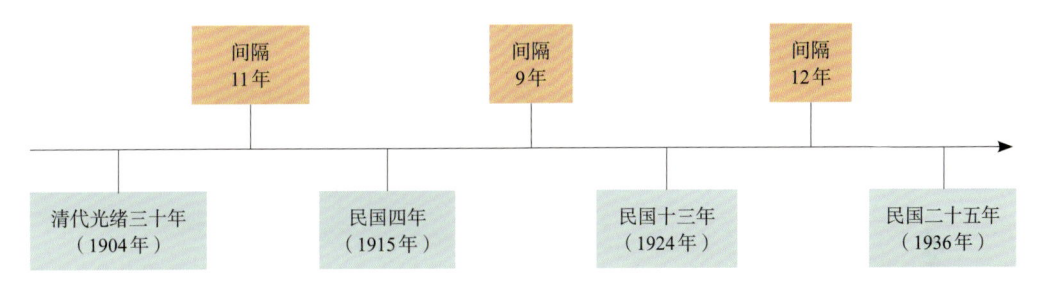

图1-4　清末民初的最后几届皇会

图1-5　《北洋画报》报道1936年天津皇会
图片来源：甄光俊，《纪念天后诞辰唯天津出皇会》，今晚报，2020年4月11日

图1-6　1936年天后宫举办皇会时"天后"出巡
图片来源：同图1-5

尽管天津皇会被迫按下了"暂停键"，但民间传统文化和技艺的传承没有就此止步，如堤头庆云高跷老会等不少老会的会名、会旗、銮驾，甚至从清代时期保留至今，表演节目和技艺也代代相传。

（三）文化传承，皇会复兴

1954年8月，天后宫被评为"天津市文物保护单位"，但不幸的是后来宫内神像惨遭毁坏。直到1985年，天津市开始对天后宫及其所在的天津古文化街进行全面复建（图1-7）。天后宫复建后，为"娘娘"祝寿的民俗活动开始逐渐恢复，天津民俗博物馆也着手筹备天津皇会的恢复工作。1994年，通过天津民俗博物馆的不断努力以及广大民众的积极争取，以"天后"诞辰仪式和皇会（花会）展演为核心的传统民俗文化活动正式恢复。

图1-7　天后宫门前的牌匾

（四）融汇古今，内容丰富

2005年后，天津皇会的遗俗、遗规及制度都陆续有所回归，同时妈祖诞辰祭典礼仪不但继承了传统规范，还参考了湄洲地区的传统妈祖祭典礼仪，在逐步趋同于全球妈祖文化圈的传统祭拜礼仪的同时，还特别融入了天津民风民俗，使其更加凸显出天津大沽民俗文化的特点。

第二节　内容与程式

一、皇会会期

皇会会期共计9天，自农历三月十五日起至三月二十三日止（表1-2）。期间，除了双数日有相应仪式或行会表演外，其余五天为皇会庆贺活动，有众多老会、圣会进行"设摆"活动，民众可进香、购物、看戏等。

在出会的几天中，老会、圣会精彩纷呈地踩街出行表演，场面极其壮观，参演人数众多，观者如堵。到了皇会最后一日，"天后圣母"在天后宫接受广大民众的香火，各个老会、圣会也纷纷上演最拿手、最精彩的节目，通宵达旦庆贺，皇会活动达到高潮。

表1-2　天津皇会会期及内容

农历日期	仪式	内容
三月十六日	送驾	由扫殿会带领各会上香，然后起驾，门幡太狮在前面引导，各会依规定秩序鱼贯而列，最后为銮驾，包括四位娘娘宝辇以及天后华辇。大会出发沿途进行各种表演，最终队伍会抵达西头的如意庵（已在一场火灾中被毁），再由接驾会跪香迎入，升殿拈香，献上精彩的表演
三月十八日	接驾	各老会圣会都聚集在如意庵，按照既定的顺序返回天后宫。虽然他们返回的路线可能有所不同，但同日进行的表演基本上大同小异
三月二十日 三月二十二日	巡香散福	大会从天后宫出发，沿途经过各条主要街道和人群聚集的地方。各地的民众如果想进香祈福，只需等待大会经过，将手中的香烛投入接香会所抬的香锅中，表示对天后的敬意。各老会圣会依然按照惯例进行表演。最后，整个队伍回到天后宫。这个活动的寓意是"天后散福"，希望各家男女老少都能得到"天后"的庇佑，享受到幸福的生活
三月二十三日	"天后"寿诞之正日	大会在天后宫中上演一系列精彩节目，前来进香的客人从早到晚络绎不绝，大殿之上无时无刻不人潮拥挤，这样热闹的景象一直持续到深夜，直到夜深人静，大殿内的烛光越来越微弱，燃烧的香气也逐渐散去，不知不觉黎明已到来，这场盛大的皇会至此才落下帷幕

二、送驾与接驾

天津皇会的送驾、接驾仪式极为严格，而且有提前制定好的出会路线。农历三月十六日为"送驾"日，当天要"朝圣""叩拜"，然后"请驾"，即请"娘娘"坐宝辇，把"娘娘"从天后宫，途径宫南大街、袜子胡同、水阁大街、东门、鼓楼、西门送至如意庵，驻跸至十八日；三月十八日为"接驾"日，由接驾会负责，接驾会全体从如意庵出发，经南阁、针市街、估衣街、锅店街、单街子、宫北大街，护送"娘娘"返回天后宫；三月二十日和二十二日为"巡香散福"日，由受邀参会的各种老会、圣会组成的队伍依次从天后宫出发，按照散福路线边行进边表演，最后返回天后宫。

三、散福路线

（一）旧时皇会散福路线

皇会是天津市最大的一个庙会庆典节日。旧时天津皇会的散福路线基本上以天后宫为核心，围绕着城中心行进（表1-3）。

表1-3　旧时皇会散福路线

日期	路线
三月十六日	由天后宫起驾，经过宫南大街、磨盘街、进东门、出西门、过横街子、韦驮庙、进千福寺
三月十八日	由千福寺起驾，经双庙街、六合轩、铃铛阁、太平街、针市街、估衣街、毛贾伙巷、宫北大街进宫
三月二十日	经宫北大街、毛贾伙巷、大胡同、过金刚桥、大经路、入天纬路、三马路，仍南行至市府西辕门、出东辕门、过金刚桥、大胡同、估衣街、进北门、出东门、进袜子胡同、至宫南大街进宫
三月二十二日	由天后宫起驾，经磨盘街、进东门、出西门、由西马路至南阁、针市街、北马路、东马路，仍入袜子胡同进宫
三月二十三日	回宫祝寿

（二）目前皇会散福路线

2023年5月，天津天后宫举办了纪念"天后"诞辰1063周年系列文化活动。天津天后宫、天津民俗博物馆联合公启的"黄报"，内容为"历年三月二十三日为天后圣母圣诞良辰，庆祝散福。本年仍遵传统习俗举办皇会，预于夏历三月二十二日（公历5月11日）天后圣母出巡散福，三月二十三日宫内祝寿设摆，届时务请各界贤达共襄盛举，恭祝社会繁荣，风调雨顺，国泰民安是幸，仅此布闻"（图1-8）。

"天后"出巡散福暨天津皇会展演活动于5月11日（农历三月二十二日）如期举办，并提前一天向公众发布了散福路线：由天后宫出发，沿宫北大街、通北路、张自忠路、水阁大街、宫南大街一线进行"天后"出巡散福，有舞狮、中幡、跨鼓、秧歌等各类共18道花会队伍进行天津皇会这一国家级非物质文化遗产展演展示（图1-9）。

图1-8 2023年皇会出会"黄报"张贴于天后宫宫墙

图1-9 2023年受邀参加皇会展演的部分老会、圣会名单

四、"天后"诞辰祭典仪式

天津皇会是为纪念"海神娘娘天后"的诞辰，由社会各界共同参与祈福的一种民间祭典仪式。因此，妈祖祭典是皇会的核心。古时的祭典仪式一般由道士主持，并设有迎神礼、盥洗礼、上香礼、问讯礼、读祝礼、进献礼、祈福礼等仪程。1936年的天津皇会，由市政府、华商会和道士共同商议举办。皇会的举办耗资巨大，这就需要各大财商的支持，故很多会种都是由财商支持甚至主持。同时，天津皇会是受官方认可的祭典仪式，因此，也受到政府的重视。现在天津皇会每次都是由政府、商家和天后宫联合举办，祭典仪式既具有民间性，也具有官方性。

五、行会表演

行会表演极具观赏性，按照表演内容和形式，可以分为六种类型，总计300余道（表1-4），融聚扫殿、净街、门幡、灯亭、法鼓、高跷等40多种天津民间技艺之精华，可谓"百戏云集"，是天津皇会期间最为隆重和壮观的活动（图1-10～图1-16）。

表1-4　天津皇会行会会种

类型		会种
指挥协调类		扫殿会
公益服务类		净街会、梅汤会、接香会、请驾会、护棚会、防险会、黄绳会、叉子会、献茶会、茶棚会等
仪仗銮驾类		门幡会、太狮会、宝伞会、銮驾会、护驾会、日罩会、宝辇会、黄轿会等
座会摆设类		宝鼎会、灯亭会、献灯会、宝塔会、香塔会、鲜花会等
还愿劝善类		巡风会、顶马会、行香会、花童会、报事灵童会
玩意表演类	鼓乐表演	法鼓会、挎鼓会、大乐会、音乐会、吹会、花鼓会等
	戏曲说唱	《洛阳桥》《胖姑学舌》《长亭》《十不闲》《四季长鲜》《莲花落》《渔家乐》《锯缸》《瞧亲家》等曲目
	武艺耍技	中幡会、杠箱会、重阁会、高跷会、捷兽会、秧歌会、花鼓会、跑竹马会等
	寓意造型	抬阁会

图1-10　聚义中幡圣会

图1-11　保顺太平车会

图1-12　挂甲寺庆音法鼓銮驾老会

图1-13　北仓随驾狮子老会

图片来源：天津北方网

图1-14　杨家庄永音法鼓老会

图1-15　堤头庆云高跷老会

图片来源：天津北方网

图1-16　西码头百忍京秧歌老会

图片来源：传承人刘德强提供

第三节　风俗趣事

一、皇帝封赏，更名"皇会"

传说，康熙皇帝南巡之时路过天津，机缘巧合之下观赏了浙绍乡祠击鼓表演，龙颜大悦，便赏赐给四位击鼓者每人一件黄马褂；乾隆年间，百姓纷纷捐资兴办"娘娘会"，有一年乾隆皇帝路过天津想起康熙皇帝南巡旧事，便命人停船在三叉河口，观赏"娘娘会"表演，当时参加表演的各会知道乾隆皇帝在此观看，便愈加卖力表演，乾隆皇帝在演出后御赐黄马褂和金项圈给参加表演的鼓手和鹤童，并将两面龙旗赏赐给大会以示嘉奖。自此，先后受到康熙、乾隆两位皇帝赏赐和嘉奖的"娘娘会"身价倍增，改名为"皇会"，在国内影响力和吸引力也大大提升，不仅天津周边地区无人不知，不少航户还专门从福建地区押运货船前来赴会。

二、御笔题联，沿用至今

高跷会属于天津皇会的玩意表演类别。堤头庆云高跷老会作为天津皇会的传承代表，已有百年历史。"汉、圣、清、佛"是早年津沽著名的四大灯亭，而堤头庆云高跷老会正是四大灯亭之首——"汉照灯亭"的前场。

清乾隆三年（1738年），一派太平盛世，乾隆皇帝下江南时曾住津门，当时正值津门举行三义会。由于乾隆皇帝要去观看事先有宫内透出消息，于是津沽官绅财力并用，设置十倍于既往，以博上欢。正月十三正午，圣上驾幸三义庙中以祭三义，庙中设金丝楠木宝座椅案一堂，镶嵌大理石，黄贡绣案，围桌椅披，并绣有金钱团龙。待圣上祭祀完毕，津门各花会锣鼓齐鸣，高跷起舞。当堤头庆云高跷老会出现在会场时，见灯亭之气派，担挑人的步伐轻盈、起伏有序、缓步前进，当场博得圣上大悦，当即御笔题联："汉圣清佛千秋一祀，忠臣名将百世三生。"此道御联一直沿用至今（图1-17）。

图1-17 堤头庆云高跷老会沿用至今的御联

图片来源：传承人孙晓超提供

三、皇室赐字，老会改名

堤头庆云高跷老会原名叫堤头盛兴秧歌老会。明永乐年间，天津有一批百姓来到北运河东岸的一片荒地定居，他们在这里从事农业耕种、造船捕鱼，人口繁衍、丰衣足食，逐渐发展成了一个村落。村子地处北运河河堤的尽头附近，因此被称为"堤头村"。由于靠近运河，老辈的堤头村居民大多从事漕运、渔业、船工以及炭窑烧煤、挑箱卖炭等工作，为了祈求生意兴隆，免遭火灾侵害，堤头村民就在村庙内供奉了"火神""马神"等。每逢神诞日，堤头村民就会在村庙前的空地上进行汉照灯亭的设摆祭祀活动。在设摆时，有的村民为了助兴祈福，会到现场进行表演，后来慢慢形成了一定规模。堤头村里的乡绅、富商看到此景，甚是高兴，于是便提议将已有的表演内容重新编排，并规范了表演动作，重新置办了高跷腿子、服装（行头）等，堤头盛兴秧歌老会由此成立（图1-18）。

图1-18 堤头庆云高跷出会的茶炊子

图片来源：传承人孙晓超提供

后来堤头盛兴秧歌老会之所以改名，要追溯到清道光十八年（1838年）。当时，堤头村正黄旗刘举人带队到北门里万寿亭庆祝圣上万寿。当时朝贺皇帝万岁牌位，老会演唱《上寿》唱段时有一句："一块福云往下翻，空中来了众位八仙来庆贺，福如东海，寿比南山。"有位皇室王爷听后大悦，便赐"庆云"二字，堤头盛兴秧歌老会便改名为"堤头庆云高跷老会"。

四、百事忍让，以和为贵

西码头百忍京秧歌老会属于天津皇会的玩意表演类别，是雅致的文高跷的代表。百忍京秧歌老会作为皇会的经典传承代表，在其演进过程中也呈现出很多的风俗趣事。西码头百忍京秧歌老会于1819年10月13日成立。经历了为时一年多的训练，于1821年正月十五第一次出会表演。从此，西码头百忍京秧歌正式扎根于天津地区，成为天津民间秧歌中的一个重要代表。西码头百忍京秧歌老会名字的由来有三：其一，"西码头"是天津的一个地名，也是百忍京秧歌老会的起源地，西码头对于老会有着重大的意义，因此老会在取名时将其纳入会名。其二,"京秧歌",是因为老会创始人蔡八爷(蔡绍文)是北京人。其三,"百忍"二字,是百事和忍礼让的意思,代表"百事忍为先"的严格会规,是希望会员秉承"百事忍让,以和为贵"的精神。早年前,两个老会若是出会路上相遇,都要互相礼让,但也有个别老会不讲究规矩,不谦让、不换拜帖,会员冲动起来会闹事情,"百忍"就是让所有会员遇事忍让,不能打架斗殴,万事以老会为重。同时,还有很严格的会规,这也是对老会会员的行为约束。正是这种"百忍"的精神,使得西码头京秧歌老会在诸多老会中备受尊重(图1-19、图1-20)。

图1-19　1951年西码头百忍京秧歌演出

图片来源:传承人刘德强提供

图1-20　西码头京秧歌百忍老会牌匾

图片来源:传承人刘德强提供

五、西码头的棒槌,敲进皇会庙门

西码头百忍京秧歌老会的第三代传人霍兆远又名霍精豆,对高跷技艺十分痴迷,平时在劳作时也会在小腿上绑四五斤重的沙袋,因此拥有了扎实的基本功,即使在高跷上也十分灵活，如履平地，可以做出各种高难度动作。清同治年间，有一年举办皇会，当时想要参加皇会的有多个高跷会，但出于现场秩序的考量，只选取一个高跷会到庙里"号佛进香"。天后宫的道长提出了一个选择高跷会的办法，那就是请来耍狮子的捷兽会在山门前摆开九狮卧道的阵势，哪个高跷会可以破阵，就可以参加本次皇会。九狮卧道的阵势就是由人饰演的五头大狮子、四头小狮子卧在门前，护着一个绣球，躲开狮子成功进门就算破阵。几个高跷老会纷纷尝试，但拼尽全力也未能成功。此时，霍精豆主动请缨，带领英哥前往攻擂。霍精豆先根据鲁智深醉打山门剧情，打了一路醉八仙的招法，但也没能让狮子移动一下。霍精豆灵机一动，突然身体后仰、腿跳起，两个棒槌同时向下戳，朝着脚尖击打。随着鼓点发出"啪！啪！"响亮清脆的声音，在棒声响起的同时，霍精豆的另一条腿突然看准绣球踢下去，将狮子守护的绣球踢起飞进了门。他身后的英哥，迅速将手中面斗里的豆子和糖块撒在地上，这些狮子下意识跟着绣球和糖块进了山门，绣球猝不及防地被踢飞，"百忍"就这样成功破了九狮卧道阵成功进了庙门。霍精豆动作高难、机灵敏捷、干净利索、漂亮潇洒，这是从未见过的招式，因此获得了观众如潮的叫好声。后来，这一招式被叫作"太子踢球"，从此陀头的招式里有了第十八路棒槌，当时最好的陀头也只有十七路棒槌的招数。百忍老会此后名声大噪，受到尊敬，并开始参加皇会。当时每个会在过年时候，要用黄纸将头陀的棒槌封起来，叫作"封棒"。为了表示对"百忍"的尊重，节后很多高跷会都要到"百忍"来开封。他们平时去其他会拜会的时候，要先到"百忍"来拜会后再去其他老会。而且在每年出皇会的时候，虽然参与演出的花会众多，但都会安排"百忍"老会走"会道"主路线。西码头百忍京秧歌老会被尊称为"老高跷"，在天津老城内，提起老高跷几乎无人不知、无人不晓，也被冠以"高跷鼻祖"的荣称（图1-21）。

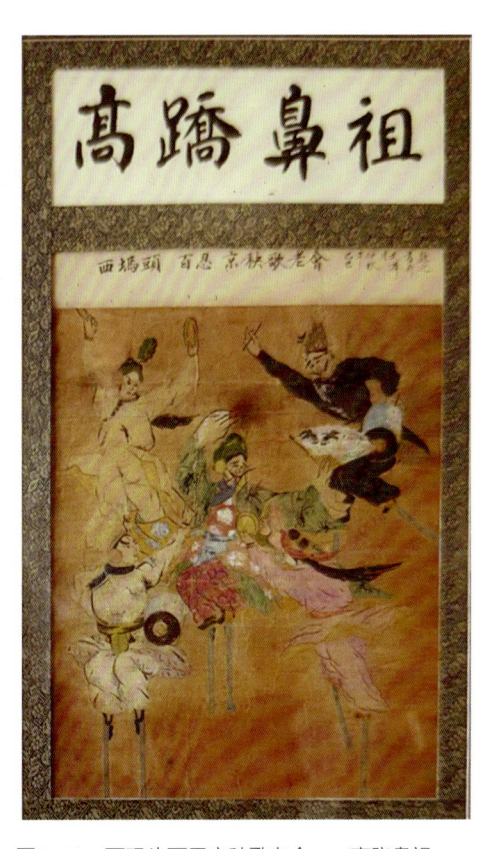

图1-21 西码头百忍京秧歌老会——高跷鼻祖
图片来源：传承人刘德强提供

第四节 经典场景

一、踩街表演

出巡沿途安排有花会表演，集中进行皇会踩街展演，并在天后宫增加全民参与的共享"催生饺子"和"长寿面"等环节，使得活动内容更加丰富，成为天津民俗文化盛事（图1-22、图1-23）。

图1-22 2023年天后诞辰1063周年花会表演吸引市民与游客围观

图1-23 市民排队进入天后宫，领取的长寿面和寿桃

图片来源：王翔提供

二、代表性表演项目——堤头庆云高跷[1]

堤头庆云高跷老会成立于清顺治年间，历史悠久，发展至今已有三百余年，于2009年获批天津市非物质文化遗产（图1-24）。它的兴盛、衰落、复会、传承的过程，可谓是天津皇会文化传承的一个缩影。堤头庆云高跷包括彩、逗、唱等，属于文高跷的范畴，其经典场景包括设摆展示和行会表演两种形式。

---

[1] 此部分图片均由传承人孙振超提供。

图1-24　堤头庆云高跷老会非物质文化遗产证书

（一）设摆展示

所谓"设摆"，是高跷文化的专业术语。一般来说，出会前夕都会搭棚设摆，灯火齐明，门庭若市，展示高跷老会历史、文化和藏品，期间会发帖子邀请其他老会，为高跷爱好者以及各老会之间搭建交流平台。2021年5月，为迎接中国共产党成立100周年，堤头庆云高跷老会在天津小淀艺术中心举行了设摆庆典，几乎各老会都带会前来庆贺，一方面展示了各老会的风采，另一方面也加强了会与会之间的交流（图1-25）。

图1-25　堤头庆云高跷老会设摆场景

（二）行会表演

不同于设摆的静态展示，行会表演的场面更为隆重盛大。堤头庆云高跷老会出全会时场面气势磅礴、壮观，具有浓郁的天津民俗和传统文化特征。

堤头庆云高跷老会作为天津皇会的重要组成部分，多次参与皇会出会表演。表演剧目中的人物扮相和身段全部借鉴了戏曲艺术方法，演出节目多以歌颂水泊梁山好汉为主题，并以"忠、孝、仁、义、渔、樵、耕、读"为演出的中心思想。堤头庆云高跷老会在锣鼓的节奏上也别具一格，并伴有大量曲牌的唱段。腿子做工极其考究，造型雕刻精细传神。堤头庆云高跷老会的表演共有8组16个人物形象，每个人物都有固定装扮，表演时手持相应物品（表1-5）。

表1-5　堤头庆云高跷老会演出剧目及人物形象

剧目名称	别称	人物名称	手持物	人物形象	人物名称	手持物	人物形象
醉打山门	五台山	鲁智深	棒槌		酒保	酒梢	
三娘教子	机房训	薛倚哥	马鞭、花篮		王春娥	团扇	
石秀杀嫂	翠屏山	潘巧云	青杆		石秀	扁担	

续表

剧目名称	别称	人物名称	手持物	人物形象	人物名称	手持物	人物形象
聚义庐山	辛安驿	周凤英	红杆		赵景龙	折扇	
打鱼藏舟	蝴蝶杯	胡凤莲	白杆		胡彦	鱼护	
打渔杀家	庆顶珠	肖恩	棹		肖桂英	橹	
打店遇友	十字坡	孙二娘	彩锣（高跷锣）		张青	高跷鼓	

续表

剧目名称	别称	人物名称	手持物	人物形象	人物名称	手持物	人物形象
打虎出山	猎虎记	顾大嫂	彩锣（高跷锣）		孙新	高跷鼓	

三、代表性表演项目——西码头百忍京秧歌[1]

西码头百忍京秧歌老会成立于清道光元年，距今已有二百余年的历史，于2021年获批国家级非物质文化遗产（图1-26）。西码头百忍京秧歌也是皇会经典保留节目。西码头百忍京秧歌的表演器具种类多样，造型精美，且角色扮相精致，服装华丽，极具艺术观赏性。

图1-26　西码头百忍京秧歌老会非物质文化遗产证书

（一）表演器具

西码头百忍京秧歌出会，有一个豪华的仪仗队伍，高跷人称为"前行儿"，如图1-27~

---

[1] 此部分图片均由传承人刘德强提供。

图1-29所示。百忍京秧歌老会前行儿队伍包含头锣、门旗、气死风灯、挑子灯、灯牌、软对、硬对、高照、节、串灯、点心挑子、水箱、茶炊子、烛台、香炉、门旗、手旗、高凳，万名伞、蠹旗、大小牌匾等。百忍京秧歌老会前行儿所展示的器具工艺复杂，造型精美，款式多样，种类齐全，且大部分有长达150多年历史。

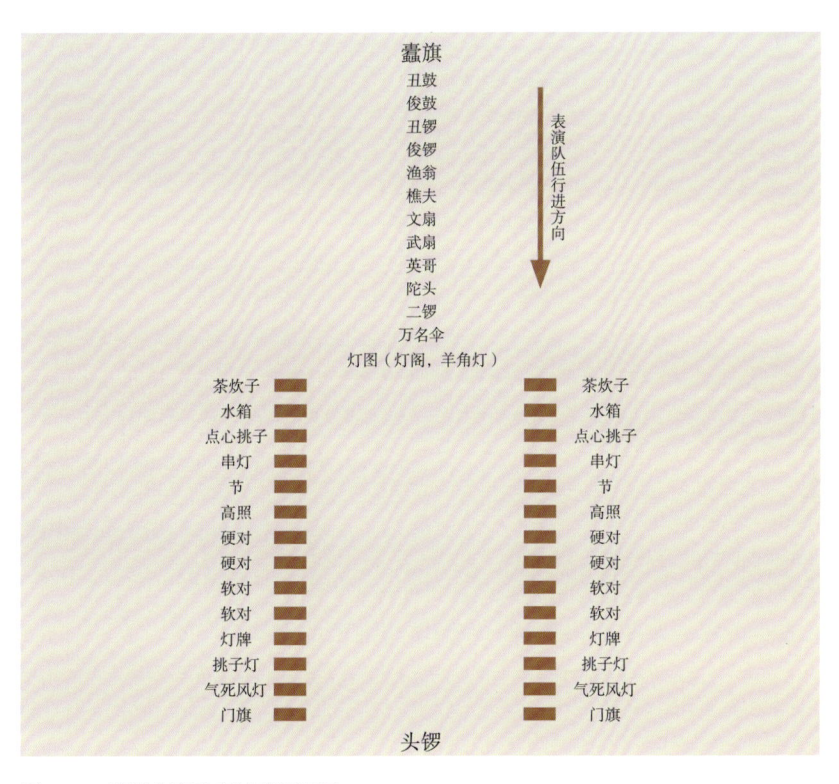

蠹旗
丑鼓
俊鼓
丑锣
俊锣
渔翁
樵夫
文扇
武扇
英哥
陀头
二锣
万名伞
灯图（灯阁，羊角灯）

表演队伍行进方向

茶炊子　　　　　　茶炊子
水箱　　　　　　　水箱
点心挑子　　　　　点心挑子
串灯　　　　　　　串灯
节　　　　　　　　节
高照　　　　　　　高照
硬对　　　　　　　硬对
硬对　　　　　　　硬对
软对　　　　　　　软对
软对　　　　　　　软对
灯牌　　　　　　　灯牌
挑子灯　　　　　　挑子灯
气死风灯　　　　　气死风灯
门旗　　　　　　　门旗

头锣

图1-27　西码头百忍京秧歌队列图

图1-28　西码头百忍京秧歌前行儿器具（一）

图1-29　西码头百忍京秧歌前行儿器具（二）

常见的西码头百忍京秧歌前行儿器具包括叫锣、门旗等10种。

1. 叫锣

如图1-30所示，西码头百忍京秧歌老会现存的叫锣制作于大概150年前。拿叫锣的人是出会时候整个队伍的指挥，通常也称为"叫锣"，在没有前行儿的出会队伍中，队伍的行止与表演，均由叫锣指挥。在有前行儿的出会队伍中，共有两个锣。头锣是整个队伍的总指挥。在前行儿后面，表演队伍前面的锣称为二锣，二锣是高跷演员的指挥。

图1-30　叫锣

2. 门旗

门旗是古时征战队伍的最先锋，在西码头百忍京秧歌老会中，也起着类似的作用。现在老会中保存着四面门旗，其中有两面已有150余年的历史，其余两面制作于民国时期（图1-31、图1-32）。

图1-31　门旗（一）　　　　　图1-32　门旗（二）

3. 气死风灯

气死风灯是因大风吹不灭里面的蜡烛而得名。用于挂灯的是精致的木雕龙头，图1-33所示的气死风灯制作于100年前，起照明作用，灯笼上分别写着"西码头百忍"和"西码头老会"的字样（图1-33、图1-34）。

图1-33　气死风灯（一）　　　　　图1-34　气死风灯（二）

4. 灯牌

灯牌上的文字是表演中每个角色的介绍，十面灯牌上的文字分别介绍了十个角色。除此以外，灯牌里面放置蜡油，在过去没有街灯的时候，灯牌还是作为照明的一个有效工具（图1-35、图1-36）。

图1-35　灯牌（一）　　图1-36　灯牌（二）

5. 软对和硬对

软对是在软缎子上刺绣，且上下均有精美木雕挂饰。其中杏黄色的软对制作于150年前，软对上内容为"百让声奏乾坤乐，忍容高唱太平歌"。海蓝色的软对制作于民国时期，上面的内容为"东南西北看老会，春夏秋冬说百忍"。

硬对是木制灯箱框子里放着的对子。灯箱里放置蜡烛，以便在夜间也可以看清对子上的字迹，同时起着照明的作用。硬对上的内容分别是"群雄共赴神州擂，英名聚起梁山泊"以及"水泊梁山载史册，英雄好汉美名传"（图1-37）。

6. 角纸灯

前行儿里最主要的一项就是各种灯，里面插上蜡烛照明。最早的灯罩就是用薄薄的绢帛做的，光照的效果极差。后来，在清朝的宫廷里，出现了一种制造透明灯笼的工艺。这种灯笼的灯罩用犀牛角加上其他物质制成，轻薄如纸，所以人们就称其为"角纸灯"（图1-38）。前行儿里高照、串灯都采用的是角纸灯。

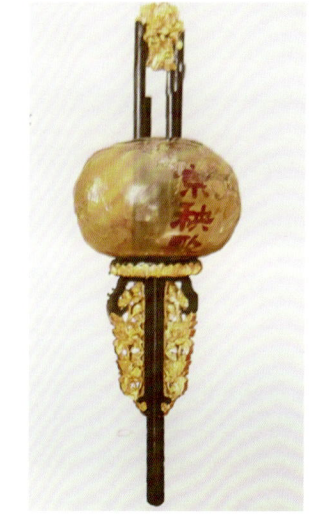

图1-37　硬对和软对

图1-38　角纸灯

7. 水箱和点心盒子

水箱、点心盒子最初是为出会人员装饮水以及放置充饥点心用的，后来逐渐演变成为前行儿的一个角色。鎏光大漆描金彩绘，做工精美，均制作于150年前（图1-39）。

图1-39　水箱和点心盒子

8. 茶炊子

茶炊子，制作于民国三十一年（1942年）（图1-40）。全套茶炊子的重量在80公斤左右，用精选的桑木扁担经过反复削薄，达到既能承担茶炊重量，又能优美颠颤的效果。挑者在出会的时候，带上白色的红质官帽，身穿毛蓝的大褂，黑鞋白袜，腰系黄色腰带，别着白毛巾——这是挑茶炊子人的标配。茶炊子是整个队伍非常重要的角色，挑者要双手不扶扁担，随着整个队面的鼓点节奏，颠颤扭摆（图1-41）。

图1-40　茶炊子（一）

图1-41　茶炊子（二）

9.灯图

灯图又称羊角灯，由13个角纸灯组成，灯图是前行儿的最大照明工具。每个灯上写有一个字，组成六层字样"西码头蒲包店百忍京秧歌老会"，装在高大的十字形木架子上。这些角纸灯的制作年代均在150年以上（图1-42、图1-43）。

10.纛旗

纛旗是出会的时候最神圣的旗帜，百忍京秧歌老会的纛旗上绣着"西码头百忍京秧歌老会"几个黑色的大字，周边有琴棋书画和五福捧寿纹样的刺绣，纛旗正中的金色顶子上有四串红绒球，旗子横梁的两端是头部斜着向上，造型生动的金色龙头（图1-44、图1-45）。

图1-42 灯图（一） 　　图1-43 灯图（二）

图1-44 纛旗（一） 　　图1-45 纛旗（二）

（二）人物形象

西码头百忍京秧歌剧情改编自水浒传中水泊梁山好汉的故事。故事情节为：恶霸公子任宝童设摆神州擂台与梁山好汉作对，九位好汉在鲁智深的率领下装扮成花鼓艺人下山潜入神州，大破神州会，捉拿任宝童为民除害，并将这些情节以斗花鼓的形式展现于观众面前。队形的变化、人物的情绪起伏等也都是依据该情节展开，十个角色伴随着鼓点做出各种高难的高跷动作，随着故事情节及鼓点的不同起伏激烈，使得表演更加精彩纷呈。一场演出包含10个角色，分别为头陀（花和尚鲁智深）、英哥（矮脚虎王英）、坐子（母大虫顾大嫂）、樵夫（菜园子张青）、渔翁（混江龙李俊）、丑锣（母夜叉孙二娘）、俊锣（一丈青扈三娘）以及俊鼓（浪子燕青）和丑鼓（鼓上蚤时迁）九个正面角色，以及一个反面角色公子（恶霸任宝童）（图1-46）。

图1-46 西码头百忍京秧歌角色形象

西码头百忍京秧歌作为雅致的文高跷的代表，其每个角色都有着自身独特的服装及专属的表演道具，扮相源自传统戏曲生、旦、净、末、丑的脸谱。

1. 头陀

头陀（花和尚鲁智深）又称头棒、大头行，手彩是一副黄檀木所制的棒槌。该材质做出的棒槌敲打起来声音清脆明亮。"头陀"最具特色的动作便是"十八路棒槌"。同时"头陀"需要用棒槌敲击号令点，对阵形的变化起到指挥作用。他的服装较为素净，上下衣均以黑色为主色调，外套绿色的坎肩，服装上没有任何图案装饰。西码头百忍京秧歌老会中头陀的服装于150年前采用真丝绸缎制作，虽经过一百多年但仍不褪色，绸料致密结实，制作精良。经过多代艺人穿戴，至今仍是陀头角色的唯一服装（图1-47～图1-49）。

2. 英哥

英哥头戴红色花带，所使用的道具是马鞭和面斗，面斗用柳条编制而成，持于左臂上，马鞭持于右手。其服装以红色为主色，腰间系有红色腰带，绣工细致。该服装虽然制作于150年前，但颜色鲜明宛若如新（图1-50～图1-52）。

图 1-47　头陀造型　　　　图 1-48　高跷头陀　　　　图 1-49　头陀服装

图 1-50　英哥造型　　　　图 1-51　高跷英哥　　　　图 1-52　英哥

3.坐子

坐子（母大虫顾大嫂），又称文扇，手彩是团扇及手绢，通过手绢的摆动来凸显女性角色的柔美。坐子的服装以黑蓝色为主色调，身穿绣有花朵图案的黑色上衣。袖口处附有白色水袖，下身着蓝色裤子，头戴蓝色包头，两鬓处佩戴粉色花朵装饰（图 1-53～图 1-55）。尤其难能可贵的是这件戏装，乃是我国京剧四大名旦之一的尚小云曾经演出穿过的戏装，是尚先生郑重赠给老高跷会的礼物，这件衣服代表着当时誉满全国的顶尖艺术家对老会的赞赏，是老会至上的荣誉，被代代老高跷艺人奉为至宝。

图1-53 坐子造型　　　图1-54 高跷坐子　　　图1-55 坐子服装

4. 樵夫

樵夫的手彩是一根扁担和一把别在身后的斧头。樵夫的服装以蓝色为主色调，并配有金色图案，上着蓝色外袍，下着蓝色长裤，头戴绣有蝙蝠图案的圆帽（图1-56～图1-58）。

图1-56 樵夫造型　　　图1-57 高跷樵夫　　　图1-58 樵夫服装

5. 渔翁

渔翁的手彩是一根鱼竿和一个鱼篓，这些都是突显其老者形象的关键。渔翁的服装以黄色为主色调，上着黄色长袍配白色水袖，下着红色裤子，头戴绣有"寿"字及蝙蝠图案的圆帽（图1-59～图1-61）。

图1-59 渔翁造型　　图1-60 渔翁表演　　图1-61 渔翁服装

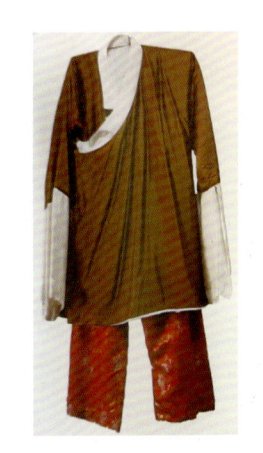

6. 丑锣

丑锣（母夜叉孙二娘）的手彩是一面锣。其服装以绿色为主色调，上下衣均为绿色，上面绣有色彩艳丽的花卉图案，头戴绿色包头，两鬓处戴粉色花朵（图1-62～图1-64）。

图1-62 丑锣造型　　图1-63 高跷丑锣　　图1-64 丑锣服装

7. 俊锣

俊锣（一丈青扈三娘）的手彩也是一面锣。她的服装以粉色为主色调，上下衣均为粉色，服装上绣有鲜艳的花形图案，头戴粉色包头，两鬓处佩戴蓝色花朵（图1-65～图1-67）。

图1-65　俊锣造型　　　　　图1-66　高跷俊锣　　　　　图1-67　俊锣服装

8. 俊鼓

俊鼓（浪子燕青）的手彩是一面鼓。俊鼓的服装以白色为主，上衣为白色长褂，衣服底边部有双层蓝色裙摆边，下衣为白色长裤，衣服上绣有燕子图案，头戴白色罗帽（图1-68～图1-70）。

图1-68　俊鼓造型　　　　　图1-69　高跷俊鼓　　　　　图1-70　俊鼓服装

9. 丑鼓

丑鼓（鼓上蚤时迁）使用的道具是木制的双面鼓和鼓槌子，鼓上包着绣有"西码头百忍"字样的白色棉布。其服装以黑色为主色调，上下衣均为黑色，上面绣有蝙蝠图案，头戴黑色白绒球罗帽（图1-71～图1-73）。

图1-71　丑鼓造型　　　　图1-72　高跷丑鼓　　　　图1-73　丑鼓服装

10.公子

公子（武扇）是表演队伍中唯一反面人物，众好汉追杀的恶霸，"公子"所用的道具是写有"西码头"字样的折扇。其服装为以绿色为主色调，绯红色的内袍，配白色水袖，外穿绿色的绉缎绿色大氅，体现出了公子的财大气粗的特点（图1-74～图1-76）。

图1-74　公子造型　　　　图1-75　高跷公子　　　　图1-76　公子服装

第五节　风俗相关人员专访

一、皇会代表性表演项目堤头庆云高跷传承人孙晓超

1.请您简单介绍一下自己。

孙晓超：我叫孙晓超，是堤头庆云高跷老会现任会长，也是高跷传承人，我在会里的扮相是醉打山门的"鲁智深"。堤头庆云高跷老会成立于清顺治年间，原名堤头盛兴秧歌老会，发展至今已有360多年的历史。堤头庆云高跷老会位于天津市河北区堤头村清善堂公所内，与堤头宝郡水会、堤头香慈大乐老会相邻。

2.您如何评价天津皇会及堤头庆云高跷会与皇会的渊源？

孙晓超：堤头庆云高跷老会与皇会有很深的渊源。清光绪年间所绘制的《皇会图》中有记载，光绪二年（1876年），堤头庆云高跷老会就以"堤头盛兴秧歌"的名义参加天津皇会，是皇会中主要表演队伍，排在第11位。民国期间，由于考虑到安全问题，皇会的承办方——扫殿会就不再邀请、安排高跷这类花会的演出了，所以民国期间，我会就没有参加过皇会的演出活动了。直到1984年复会，老会又重新参与到皇会表演活动中。

我印象最深的是小时候，有一年的农历三月二十三日，正赶上我们参加皇会出会，刚演出完，时任民俗博物馆的蔡长奎馆长看我们几个年龄都不大，都是十来岁的孩子，就给了我们每人一块切好的大蛋糕。当时真的特别感动，也更加坚定了玩会的决心。

还有一次是2004年参加天后宫举办的皇会出会活动，由于我们老会随驾，所以当天一早就进到了天后宫，就在天后宫里表演。表演时天后宫戒严，宫外都聚集了看会的游客，等祭祀大典完成之后，游客才纷纷进入天后宫。当时有一个老婆婆，由家人推着轮椅进来，然后就直奔我们老会这儿来，在确认是堤头庆云高跷后，老婆婆说："太好了、太感动了，我从小就爱堤头高跷老会，我以为我死之前都看不见那个会了，没想到这会还能出会，太感谢、太感动了……"那时总觉得我们演完了就完了，大家也就看个乐呵，也没有什么互动和共鸣，没想到能得到这位老婆婆这么高的评价，这种表演者与观众的互动是非常难能可贵的，也是最令我们动容的。

3.您是如何接触到高跷这项风俗？

孙晓超：几乎都是父一辈的玩会，子一辈的也玩会，一般是"一人玩会，全家参

与"的状况，这种玩会的形式也能体现出我们对家乡的一种情怀（按照老堤头人讲，就是"护气"）。我的二爷（我爷爷的二哥）孙洪生是堤头庆云高跷老会的上一届会长，我父亲也是当时主要的参与者，所以我小时候就耳濡目染接触到这项风俗。不过我自己是特别感兴趣的，上初中的时候，为了参加出会表演还有过翘课排练的经历（图1-77）。

图1-77 自幼接触高跷表演

图片来源：传承人孙晓超提供

4. 目前您是否有接受传承的徒弟或助手？

孙晓超：老会现在基本是属于社团性质的演出团体，现在我们也尝试着招募会员，也有家长送孩子来学习的，但是时间都不长久，很大一方面的原因是家长担心孩子学高跷耽误学习，另外踩高跷也有一定的危险性，也怕孩子受伤。我们这一届高跷会成员平均33岁，属于比较年轻的一代。

5. 堤头庆云高跷老会是否有专门的场地进行制作或表演？

孙晓超：堤头庆云高跷老会目前在河北区新开河街综合执法大队二楼有一个单独的活动中心（图1-78），平时存放老会的演出服装、高跷（腿子）、道具等（图1-79），同时老会会员也在这里进行行头、道具的修复和制作（图1-80）。另外，出会之前演员的妆面等也是在这里完成。

6. 您目前是否靠此项目作为主要的经济收入？

孙晓超：我有自己的专职工作，高跷老会这边算是兼职，但是我们老会有两位自由职业的"80后"在专门负责老会的日常运营以及服装（行头）、道具等的修复和制作等。

图1-78 孙晓超会长（左图中）在活动中心接受访谈

图1-79 活动中心存放的道具

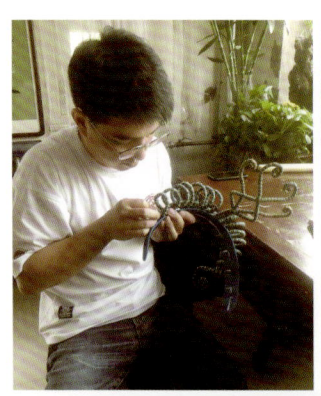

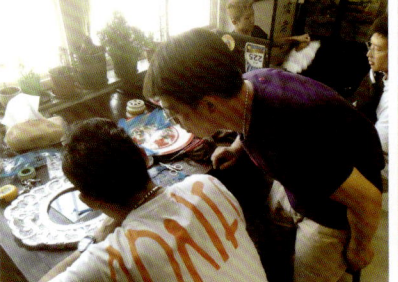

图1-80 工作人员在活动中心手工修复演出的行头及手持道具等

图片来源：传承人孙晓超提供

这个项目并不是我的主要经济收入，我们还得往里面搭钱捐物（图1-81）。其实老会之所以经历三起三落并发展至今，都是广大会员凭着对这项民俗的一份感情、一份亲情、一份爱好在维系着、坚守着。

7.您认为该风俗在本地区的整体传承情况如何？

孙晓超：堤头庆云高跷老会主要是以口传心授的子孙会形式进行传承的，现在会员平均年龄33岁左右。堤头高跷老会自创立起就在不断推陈出新，不断汲取当时流行的艺术文化。一开始只是秧歌的形式，经过不断的改进和更新，现在的高跷已符合当代人审美的观点，这也能体现出堤头人的文化底蕴是比较高的。

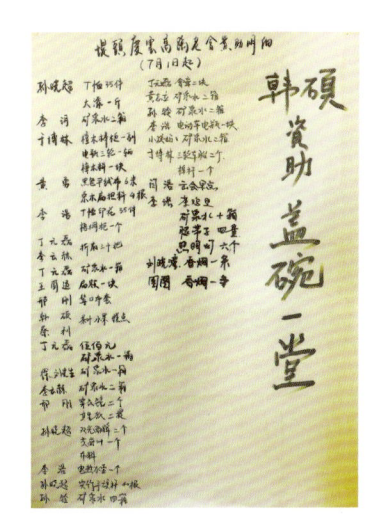

图1-81 活动中心的墙上张贴着老会的赞助明细

之所以这么说，可以从我会的唱词唱腔、舞蹈动作等方面反映出这一特点。堤头庆云高跷老会的舞蹈形式是戏曲舞蹈的缩影，巧妙地将戏曲身段与天津文高跷动作结合在一起，在中国民间舞蹈史中，它丰富的表演形式和独有特征也是实属罕见。表演起来优美洒脱，刻画人物细腻逼真，例如，根据民间传咏之词，结合天津当地民间小调，确立了独特的曲牌唱段。不但词句讲究，雅而不俗，而且颇具教育意义，使人赏心悦目、百看不厌，具有非常好的审美价值。

8.据您了解，是否有类似的风俗？与之相比咱们的特点有哪些？

孙晓超：高跷在天津也有不少老会，但是会与会之间并不是相互竞争的关系，会与会之间也互相交流、切磋技艺。堤头庆云高跷老会属文高跷范畴，但又与其他文高跷不同，有以下几个特点：

第一，历史悠久。老会成立于清顺治年间，发展至今已有三百六十多年的历史。

第二，高跷腿子制作精美。高跷腿子高三尺三，重为七斤七两，由上等杉篙为原料，经精雕细刻，大漆油制而成，绘有"五福捧寿"图案，雕刻有"蝙蝠驮狮狗"造型，并以"三寸金莲"为装饰（图1-82、图1-83）。

第三，服饰妆面道具讲究。演出服饰借鉴戏曲服饰，精选绸缎、杭罗为面料，纯手工绣制而成，扮相与戏曲类似（图1-84），贴片子、包大头（图1-85），扮妆细腻俊秀，手持的道具灵巧考究，当时流传"不要丝麻，要绸缎；不要粗花，要南绣"一句话，可见我会行头的讲究程度。

图1-82 高跷腿子雕刻的"蝙蝠驮狮狗"造型
图片来源：传承人孙晓超提供

图1-83 高跷腿子上的"三寸金莲"装饰
图片来源：同图1-82

(a) (b) (c) (d) (e) (f)

图1-84 化妆师正在为出会演员进行精致的妆面
图片来源：同图1-82

(a) (b)
(c) (d)

图1-85　化妆师正在为出会演员包头

图片来源：传承人孙晓超提供

　　第四，全会景象极其壮观。每当高跷出会前夕，都会搭棚设摆，灯火齐明，门庭若市。出全会时可达一百五十余人，前场由我会德高望重的老艺人手持引锣（图1-86）带路，门旗在其两边跟随，随后有高罩、软对、灯牌、茶炊子、圆笼、六角盒、伞盖等，还有高跷压场随行表演，纛[dào]旗紧跟其后，队伍长达一公里。

　　第五，动作文雅，表演细腻。扮相身段均借鉴戏曲表演模式，表演内容为每出戏的片段，并伴有曲牌唱腔，是在舞台戏曲的基础上融入高跷的动作，演员表演细腻，刻画人物逼真，动作优美、大方、潇洒、雅而不俗，妍而不媸，令人赏心悦目，百看不厌（图1-87）。演出的剧目剧情完整，以扭唱取胜。内容多以"渔、樵、耕、读"人物为主。表演动作

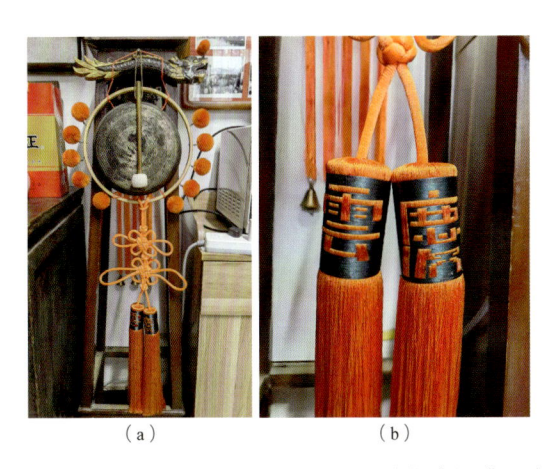

(a) (b)

图1-86　堤头庆云高跷老会引锣以及手编的"庆云"二字

有:"单、双夹篱笆""串四门儿""二龙出水""斗对""公子扑蝴蝶""渔翁逮鱼""樵夫砍柴"等。乐队为高跷锣和高跷鼓,有慢三点儿、烂三点儿等,演奏的曲牌节奏轻快,与演员表演的动作相互配合,整齐划一。

第六,演出中途伴有唱段,唱词都是根据民间传咏之词创作,结合了天津当地民间小调,其中代表唱段有:《上寿》《全家福》《加官进禄》《大西厢》《四句》《八句》《卖花》等,词句讲究,唱舞并重。

（a）　　　　　　　　　　　（b）

图1-87　堤头庆云高跷老会表演场景

图片来源：传承人孙晓超提供

9.社会上对这项风俗的评价如何？

孙晓超：近年来,社会各界对非物质文化遗产越来越重视,堤头庆云高跷老会如今也迎来了新的春天。即使大家都比较忙,也会挤出时间,每周六下午在河边排练、切磋技艺,有时会练到很晚,引来不少群众围观叫好,说明民众对此是非常欢迎和支持的。另外,我会老会长孙洪生老先生及老艺人王宝和、左振明、王德友、孙贺年、刘富华、刘富祥、李恩发、马玉林、孟继金都被天津市广场艺术民间联谊会评为"民间艺术家"称号。足见这项风俗丰富了广大人民群众的业余文化生活,深得广大人民群众及民间艺术界的好评,为天津文化繁荣、旅游业的兴盛作出了一定贡献,也成为增进各传统民间花会之间友谊的桥梁和纽带。

10.您认为该风俗传承发展当前面临的问题有哪些？

孙晓超：百年来,堤头庆云高跷老会作为天津高跷的优秀代表,体现出较高的历史价值和艺术价值,展现出民族舞蹈的艺术魅力。可以说老会的传承不是说会踩高跷就行,而是更要学习和传承它其中蕴含的历史文化底蕴。当然堤头庆云高跷老会的传承与发展也面临一些问题:一是随着城市化发展,堤头村也从农村变成了市区,高跷的文化生态环境受到极大冲击,使老会的活动场地受限、排练时间受限;二是很多年轻人面对危险性较高的高跷止步不前,一些家长也不放心让下一代继续学习,这些都给堤头庆云高跷老会的传承发展带来挑战。

11.您觉得这项风俗的传承需要哪些方面的支持?

孙晓超:我认为一是要营造浓厚的非遗传承的氛围,可以结合非遗进校园等形式,加大宣传力度;二是要有社会以及政府相关部门进一步的支持,包括场地的支持,我们的活动中心现在还是空间有限,特别盼望能有专门设摆的场地、排练的场地;三是经费的支持,因为老会日常运营、腿子的更新、行头以及道具维护和修复等开支是比较大的,目前经费还是比较拮据的。

二、皇会代表性表演项目西码头百忍京秧歌传承人刘德强

1.请您介绍一下西码头百忍京秧歌老会的历史。

刘德强:西码头百忍京秧歌距今已有两百余年的历史,"老会"创始于清嘉庆二十四年(1819年),当时人们只是聚在一起练习和表演,并未给老会命名。直到清嘉庆年间,蔡绍文(人们尊称蔡八爷)来到天津西码头谋生,他在与西码头地区民众朝夕相处中深深感受到这里的街坊吃苦耐劳、善良淳朴,而且他发现西码头的搬运工在长期的体力劳作下,身体素质较好,但辛苦劳作之余没有什么休闲娱乐活动,于是便传授他们北京高跷秧歌。极具观赏性的京秧歌高跷一出现,就受到了西码头地区民众的喜爱,纷纷前来向蔡八爷学习京秧歌高跷的技艺。自此,京秧歌便在西码头地区兴起。天津西码头镖局的岳长发因财力丰厚,在本地又有一定的影响力,出于对京秧歌的喜爱,经常赞助京秧歌的活动。于是岳长发找到了蔡八爷,在道光元年正月十三(1821年2月15日)出资成立了"西码头百忍京秧歌老会"。

2.请您介绍一下您对妈祖祭典(天津皇会)的了解以及西码头百忍京秧歌老会与它的渊源。

刘德强:天津皇会,每年都在天后宫进行演出,只有技艺精湛的老会才可参加。由于皇会汇聚了民间各类技艺精华,且仪式较为隆重,仪仗队伍壮观,各色行会的表演异彩纷呈,因此,广受民众喜爱,每次皇会时总会出现万人空巷的场面。皇会在天津民众心中占据着重要的地位,各个老会也以能够参加皇会演出为荣。早在清光绪二年(1876年)时,

负责组织皇会的道长在看过百忍老会的演出后，便邀请百忍老会参加皇会演出。所以，历史上，我们老会从清代就开始参加"皇会"了，当时所绘《皇会图》中就有西码头百忍京秧歌老会，足见那时西码头百忍京秧歌的演出技艺就已经拥有较高的水准了（图1-88）。

3. 您是如何了解并传承这项技艺的?

刘德强：家里的长辈在西码头百忍京秧歌老会里，所以我从小被耳濡目染，加之老会里的成员都是街坊邻居，比较熟识，自然而然地就学习了这项技艺。小时候以能参加表演为荣，因为每次表演只能上场10个人，但是一个角色可能有三四个人在学，功力好的才可以上场表演，所以小时候如果自己没上场，回到家里还会哭鼻子，然后就更加努力练习，争取下次能上场，可以说是非常痴迷于学习这项技艺。

4. 目前这项技艺是否有接受传承的徒弟或助手?

刘德强：目前是有的，但是数量较少。西码头百忍京秧歌现已传承八代，目前第八代传承人的年龄基本在50～70岁。现在生活方式的转变导致很多家长不愿意让孩子学习这项技艺，现存的几个小传承人也是相熟的街坊邻居（图1-89）。以前的时候，老会只传内部子孙，外部的人想要学习都没有机会。现在我们打开大门，只要是想要学习的孩子我们都愿意去教，就是想在我们还可以表演的时候把技艺传下去。同时我们还通过走进校园及在小区附近做广告宣传等方式招传承人，但可惜的是最终都收效甚微。

图1-88 西码头百忍京秧歌高跷老会皇会表演场景
图片来源：传承人刘德强提供

图1-89 西码头百忍京秧歌老会小传承人
图片来源：同图1-88

5. 请问您目前主要的经济来源是否靠此技艺?

刘德强：我的经济来源是我的工作，西码头百忍京秧歌老会是不能给会员们提供经济收入的。老会现有的收入分两部分：一部分，我们出去外面演出会收到一些费用，会员们外出演出涉及交通、化妆、餐食等开销，基本上这些花销与收入就完全抵消了。还有一部分就是国家的支持，现在这个项目是国家级的非遗项目，国家每年会给一笔费用，但这笔费用主要用于老会的日常支出，如表演器具的保养修缮、添置东西以及会所日常的开销，有时还不够，还需要会员们自掏腰包。

6. 西码头百忍京秧歌老会是否有专门的场地进行制作或表演？

刘德强：老会成立之初，基本上都是在西码头附近活动。但随着时代的发展，原有的场所被拆迁，政府给老会提供了一处两居室房子。搬迁后的会员们都分散开来，住得比较远，由最初邻居们经常聚在一起变为了现今每周二、周五、周日上午固定的时间，距离会所近的会员经常在会里相聚，交流学习角色表演，也会向年轻的传承人传授表演技巧。平时训练，老会会员怕影响小区居民的日常生活，通常会找附近人少、交通便利、方便会员们到达的场所进行练习（图1-90）。

图1-90　西码头百忍京秧歌高跷老会日常训练
图片来源：传承人刘德强提供

7. 您认为该风俗在本地区的整体传承情况以及社会对这项风俗的评价如何？

刘德强：西码头百忍京秧歌发展至今已有二百余年悠久历史。现如今，西码头百忍京秧歌老会，可以说是现存最好的高跷会，在老会中也备受尊敬。每年正月初八估衣街踩街仪式、农历三月二十三"天后娘娘"诞辰仪式、两年一次的妈祖节等几个固定大型活动，主办方都会邀请西码头百忍京秧歌老会去参加。虽说出会的机会变少，但会员们依旧很重视每次的表演，有些会员虽然已年过70岁，但依然坚持训练高跷技艺，给民众呈现最精彩的演出效果。

8. 请您介绍一下西码头百忍京秧歌与其他秧歌高跷的主要区别。

刘德强：首先，西码头百忍京秧歌老会每逢出会时都会先举行庄严肃穆的号佛仪式。其次，西码头百忍京秧歌的表演是有故事情节的，而不是只有扮相，而且高跷表演中动作的展开、队形的变化、人物的情绪起伏等也都是依据故事情节展开的。西码头百忍京秧歌总共有十个角色，其中九位正面角色，一位反派角色，且每位角色都有着自身鲜明的个性特征。演出时，演员们通过惟妙惟肖的表演突出人物特征，使观众能够从中识别各派人物。正是这些形象各异的人物构成了"西码头百忍京秧歌"的角色体系。且每一角色都有着各自代表性的动作，这些动作的风格特点是其人物性格的生动体现。

再次，西码头百忍京秧歌表演中所采用的阵形可谓变化多端。演员会根据不同的情节、演出地点等因素变化出不同的阵形。同时，何时变化阵形、变化何种阵形都需要根据演出队伍的首领"陀头"挥动棒槌进行变换。"西码头百忍京秧歌"演出中所采用的主要阵形有"圆场""分场""单夹篱笆""五角子""转螺丝""斗花鼓"等。

最后，西码头百忍京秧歌所使用的道具共有两类，分别是设摆道具和表演道具。设摆道具主要指用在"前场"的物品，出会时有专门的人员负责，走在表演队伍的前列，类似于现今仪仗队的形式。表演道具俗称"手彩儿"，为十个角色手中所持的物件，道具的运用利于在正式演出时突出角色的形象、反映角色的性格。这些形式多样的设摆道具和表演道具，不仅使"西码头百忍京秧歌"的表演更具观赏性，而且为其动作的多样性创造了可能。总之，"西码头百忍京秧歌"凭借其雅致的风格、独特的"老三点"节奏歌舞一体的表演形式，一直以来深受民众的喜爱，进而促使其成了"卫派高跷"中"文高跷"的代表。

9. 您认为该风俗传承发展当前面临的主要问题有哪些？

刘德强：最为重要的就是缺乏新一代的传承人。目前西码头百忍京秧歌第八代传承人的年龄都比较大了，随着年龄的增长已难以踩高跷表演，又没有年轻的传承人，因此处于青黄不接的时期。而"西码头百忍京秧歌"表演时，十个角色缺一不可，人数不够就难以演出。新一代传承人的匮乏，会导致老会难以支撑起一次演出。其次是传统环境的改变给老会的发展也带来了巨大冲击，随着时代的发展，休闲娱乐方式变得丰富多彩，使得喜爱观看老会表演的人变少了，这也影响了西码头百忍京秧歌的发展。

10. 您觉得这项风俗的传承需要哪些方面的支持？

刘德强：首先，希望社会各界多宣传西码头百忍京秧歌老会，吸引更多年轻人传承

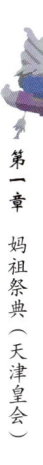

这项技艺，以解决这项技艺最大的困难——缺乏传承人的问题。其次，就是希望多一些经济上的支持。老会行头的修补、所要置办的东西以及会所日常的水、电、暖气费等开销比较大，老会成员只能每月自行缴纳会费，从会费中支出。想要翻新珍贵的"前行儿"道具花费较高，会员们是难以承担的，因此只能被搁置，老会中损坏的道具或服装也只能由会员进行简单的修补。由此可见，没有经济的支持，老会中表演物品只能维持原样，置办新物件的想法只能搁浅，不够支撑出会所需费用的邀请只能推脱，所以经济支持是很急需的。

参考文献

[1] 尚洁. 天津皇会［M］. 济南：山东教育出版社，2017.

[2] 徐肇琼. 天津皇会考［M］. 天津：天津古籍出版社，1988.

[3] 吕伟涛. 《天津天后宫行会图》中的妈祖信俗［J］. 文化遗产，2019（6）：76-87.

[4] 李露露. 清代《天后宫过会图》释析［J］. 东南文化，2002（2）：6-26.

[5] 甄光俊. 纪念天后诞辰唯天津出皇会［N］. 今晚报，2020-04-11.

[6] 史静. 天津永音法鼓：天津皇会之"魂"［N］. 中国文化报，2011-11-21.

[7] 蒲娇. 借势与制衡：天津皇会中国家与民间力量的双轨运行［C］//中国民间文艺家协会，天津大学冯骥才文学艺术研究院. 当代社会中的传统生活国际学术研讨会论文集. 北京：中国民间文艺家协会，2013.

[8] 史静. 复兴中的继承与重塑：对天津妈祖祭典仪式的考察［J］. 民间文化论坛，2013（2）：75-81.

[9] 蒲娇. 国家、个人及民间社会的内在秩序：试论天津皇会中各阶层之间的互动关系［J］. 山东社会科学，2013（1）：104-107.

[10] 张洁. "西码头百忍京秧歌"的发展历程及形态研究［D］. 天津：天津音乐学院，2019.

[11] 蒲娇. 地方性知识的当代传承：访天津西码头百忍京秧歌老会时任会头殷洪祥［J］. 民族艺术，2015（1）：81-89.

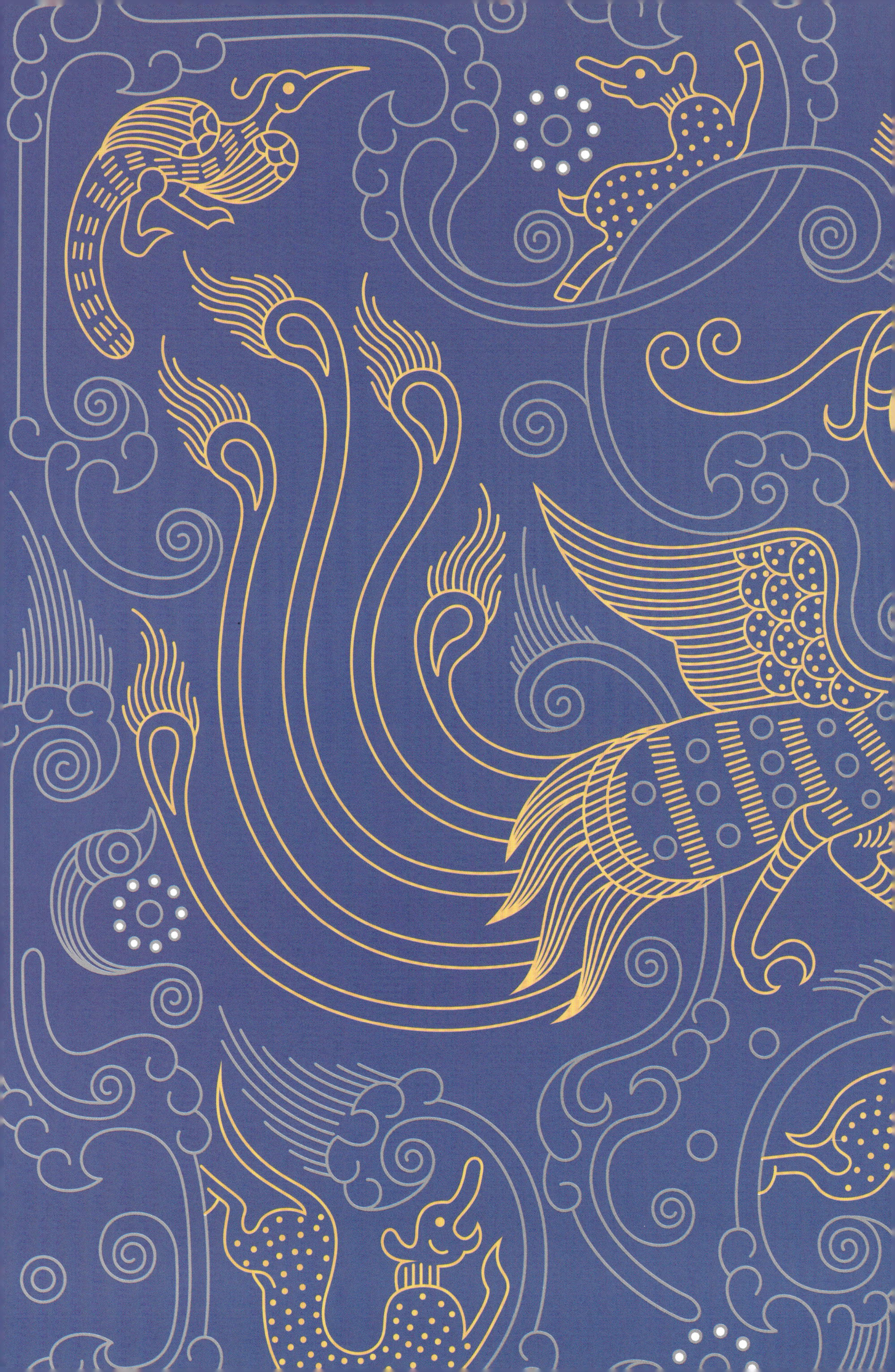

第二章

妈祖祭典（葛沽宝辇会）

葛沽镇"宝辇花会",以其深厚的历史文化渊源、宏大的表演规模和独有的表演仪式,历经几百年风雨以活态形式传承至今,在我国璀璨斑斓的民俗文化中独树一帜,2014年被列为国家级非物质文化遗产名录(表2-1),2018年马兆盛先生被认定为妈祖祭典(葛沽宝辇会)代表性传承人(图2-1)。

表2-1　葛沽宝辇会项目简介

名录名称	名录级别	申报单位或地区	传承代表人
妈祖祭典(葛沽宝辇会)	国家级	葛沽镇	马兆盛

图2-1　妈祖祭典(葛沽宝辇会)代表性传承人证书

第一节　起源与演进

一、风俗的起源

葛沽是退海之地,其历史可以追溯到五代十国。葛沽有个文物保护单位,叫邓岑子贝壳堤,就是当时海退路随、沧海变桑田的证据。最早的葛沽镇(其实应该叫葛沽地区,因为葛沽镇的叫法相较于在届时所承担的历史价值显得太小了),从五代十国开始就有很多人聚居了，最早的村子叫领子西村。在宋代的时候，葛沽作为北宋的军寨与辽国对峙，因此在军事上也是很重要的。领子西村村民当时建了一座鱼骨庙，用大鱼的鱼骨脊梁做的房脊。鱼骨庙整体来说不大，据推断当时供奉的应该就是海神，也是天津最早供奉海神娘娘的地方。

葛沽历史上非常繁荣，经济发达，景致优美，便捷的水陆码头吸引了众多的移民前来定居，经历了两次大的人口迁徙，第一次是从福建来了不少人，最具代表性的就是元末的苏家和郭家；第二次是燕王朱棣时期，有移民迁徙过来。随着移民的到来也带来了不同的信仰，可以说现在葛沽宝辇所展现的就是葛沽先民们筚路蓝缕，经过了一代代传承积累的历史产物。

民间多称为的"娘娘会"，是天津的妈祖祭祀活动，传说始于元明时期。按照《天后宫行会图校注》所著，天津皇会包括玩艺会、请驾会、随圣护圣会、陈设会、公益会和还愿会六大种类，宝辇会属于请驾会的形式之一。葛沽宝辇会可以追溯至明朝万历年间，这种习俗至今已有四百余年的历史。几百年来，每逢农历正月是葛沽宝辇会活动的高潮，光彩夺目的"宝辇"与灯亭及各类花会队伍浩浩荡荡，锣鼓阵阵，披红挂彩，灯火辉煌，熙熙攘攘的观会人群摩肩接踵，共同欢庆太平、祈福吉祥。

辇是"天后圣母"即妈祖出巡、回銮乘坐的交通工具，由人们抬着辇沿街巡游，称为跑辇，俗称跑落。宝辇在汉语词典中有两种基本解释：一种是帝王所乘的车，另一种是高贵华丽的车子。从现有宝辇来看，葛沽宝辇会中的辇却并非车子，而是参考了皇家御辇进行装饰的无轮子的轿辇，辇中放入神龛。据传，宝辇的形成是由简至繁逐渐丰富起来的。葛沽宝辇的演进可以概括为四个阶段（图2-2）。

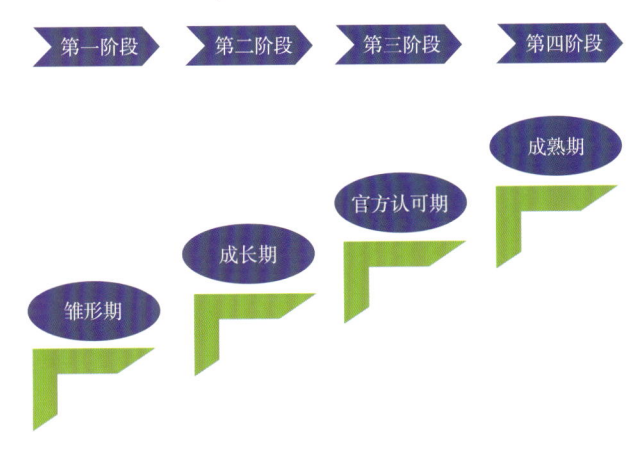

图2-2 葛沽宝辇会发展历程

第一阶段是跑落的雏形期，其形式与津沽南郊的制盐工业有关，由民众在跑落时抬着盐公、盐母赶庙会。随着渔、盐和漕运的发展壮大，逐渐形成了葛沽跑落的雏形。

第二阶段是跑落的成长期，民众将神龛放置在八仙桌上赶庙会，后来加入花会的人数大大增加，从事渔业和漕运的人群也加入进来。

第三阶段是官方认可期，地方官员的参与使得民间的活动得到了官方的认可，允许借用官轿抬着供奉的"娘娘"，跑落的地位得到提升，同时也升华了辇的意义。

第四阶段为跑落的成熟期，在这个阶段人们为了祈求各"娘娘"的荫护，逐渐借用了皇权文化，将轿辇逐渐升级装饰，衍生出成熟的"八辇二亭"的宝辇花会。葛沽民众采用抬轿的方式将辇高抬起来巡游展演，既发展和升华了辇的外在高贵华丽，又凸显了葛沽人对辇中供奉"娘娘"深厚的喜爱和敬重之情。

二、风俗的演进

葛沽宝辇会自中华人民共和国成立以后，历经坎坷，供奉的"娘娘"在一定时期被认为是封建的、四旧的，都被销毁了。即便这样，在葛沽人的心中，可以说它是根深蒂固、融入血脉。之后，葛沽镇的老百姓向天津市津南区人民代表大会（简称"津南区人大"）提出议案，要求恢复宝辇会，在得到津南区人大批准之后，仅用四年时间就把历史上几百年才形成的"八辇二亭"全部复原，随后便在复原当年的正月十八出会，当时在天津市引起了轰动，体现了葛沽人民对先民遗留下来的宝贵文化传统以及血脉相传的文化积淀的重视。当时政府也是非常支持，成立了专门的工作小组，专门负责第一架宝辇，并出资由当时的扳钳九厂开展复原工作。"八辇"包括：天后圣母宝辇、营房茶棚琼霄娘娘凤辇、东中街茶棚碧霄娘娘凤辇、北茶棚泰山圣母娘娘凤辇、东茶棚妈祖娘娘凤辇、阁前茶棚子孙娘娘凤辇、西茶棚眼光娘娘凤辇、香斗茶棚痘疹娘娘凤辇。"二亭"是指海亭和表亭。葛沽的宝辇会除了八辇二亭外，还包括各个茶棚的法鼓，它们是驾前法鼓、五音法鼓、清音法鼓、京音法鼓、雅音法鼓、武法鼓及海音法鼓等。

以前宝辇的会道是在老街里的街区，每年都会根据街区的情况，重新规划会道。随着城镇化进程不断加快，葛沽以往的25个村、6个居委会因列为示范镇建设进行拆迁整合，所以很多的历史街区已经不存在了，其中包括宝辇会的老会道。新老会道的变化也对跑落表演者和跑落的组织方提出了新的挑战。以往在老会道的时候不需要特殊的设备和防护，因为葛沽人会看宝辇会，如果会上来的人多，跑辇的会打场子。虽然每个宝辇大概1000多斤，以前在老会道辇跑起来以后跟正常的跑步速度相差不大，因为冲击力

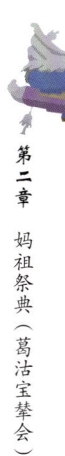

会很大，观众会主动往后躲闪，推着看会的往后走。到了新会道，形势就截然不同了，来看会的人成倍增加，这样就不能采取老会道那种形式，变成了"人动会不动"，观众可以走动起来，各会就在工作人员为其画好区域里表演。总体而言，为了保证每年继续开展葛沽宝辇会展演，政府花费了很大的财力与精力，在新的街区打造新的会道。

同时，为了更好地传承和发展，葛沽镇还将这一非遗技艺引进校园，由各个会的技艺师傅（以前的老演员）面向小学生开设非遗课程，从娃娃抓起，取得了较好的效果。此外，结合文旅产业发展，葛沽镇于2017年获批创建天津市民俗文化特色小镇，其中民俗文化区作为核心项目吸纳各个被拆迁的茶棚会前来落地，在新形势下与时俱进，创新发展，进一步适应文旅行业的发展潮流（图2-3）。

图2-3　学生学习表演高跷技艺

第二节　内容与程式

一、葛沽宝辇会的活动内容

根据葛沽镇文化部门提供的资料，葛沽宝辇会由宝辇、亭、行云龙灯老会、青云高跷老会、长胜高跷会、清平竹马老会、安乐旱船老会、海乐老会、昇平民乐会、渔樵耕读老会、法鼓、葛沽长乐老高跷等组成。这些老会组成了妈祖祭典（葛沽宝辇会）这项国家级非遗技艺，同时也是葛沽民众传统习俗在日常生活中的生动展现。

二、葛沽宝辇会的出会程式

葛沽宝辇会出会包括抓阄排序、张贴海报、设摆茶棚、焚香祭拜、踩街表演、回銮接驾和三进宫仪式等。

抓阄排序的目的是确定各道会的出会顺序、集合的时间和地点以及出会路线等。过去抓阄地点在葛沽巡检署进行，根据抓到的序号，由巡检署负责发放票板，张贴出演顺序单。到了现在，葛沽民间花会协会与镇政府作为组织和管理方，负责统筹和审批出会事宜。在抓阄的环节"二辇一亭"不需要参加，天后宝辇作为"大奶奶"座驾需要压轴出场不参加抓阄，香斗茶棚中供奉的是"痘疹娘娘"，也是"大奶奶"的侍女，在出会时要在天后宝辇的前面，因此也不需要参加抓阄，在天后宝辇和香斗茶棚的中间，还需要有"娘娘"休息的亭子，即海亭，同样不需要参加抓阄。

官方和各茶棚都会在出会前张贴海报。官方张贴的海报主要对外发布出会的时间以及出会的路线。随着新媒体时代到来，也会通过新闻广播、官方微信公众号等途径对外发布相关信息。各茶棚在接驾日前也会在茶棚前张贴"拜帖"和"功德榜"，对外传递即将出会的信息（图2-4）。

茶棚的作用是存放辇，庙会期间请驾后接驾前，"娘娘"也会被请到辇上。茶棚也是为大众免费提供短暂休息、饮食的地方。设摆茶棚从使用竹竿搭建的临时席棚到后来集体修建的固定庙宇型房舍，再到如今因需要重新规划而搬迁到的临时茶棚，经历了各个时代的变迁，不变的是经久不息前来祭拜的香客们。

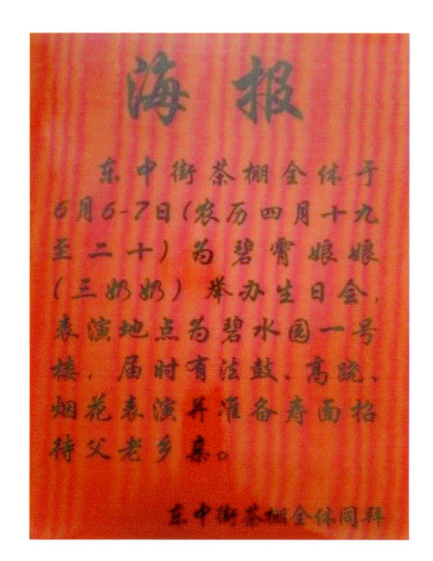

图2-4 东中街茶棚活动海报

踩街表演也是各道老会正式在街上表演，分为座乐会和耍乐会，前者包含八辇二亭、法鼓和吹会表演，后者包括竹马、高跷、旱船、龙灯等表演。当辇夫抬着辇沿着会道行走时，就是跑辇，俗称跑落。每个辇重千余斤，由8个辇夫抬起，平均每人负担百余斤重量。因为还需要走出"8"字形、原地打转等路线，时间长了需要换人，因此，每个辇都需要配备替肩的辇夫轮流抬辇。辇在停下的时候不能直接放地上，因此，还需要有4个随时跟队拿垫脚蹬的，一般多为小孩。现任东茶棚会头马兆盛最早参与跑辇时就是拿垫脚蹬。

"回銮接驾"就是七驾宝辇接"天后"宝辇的驾，视天后宝辇为尊，按照既定的顺序给天后宝辇"对脸"，以示尊重和敬意。接驾完成后，各道老会开始步入会道，开始表演。

葛沽宝辇在接驾前、接驾中和接驾后，讲究"三进宫"仪式，一进宫于玉皇庙前广场，二进宫于西马集广场，三进宫于天后宫前广场。"三进宫"开始时已经入夜，这时要把各辇的蜡烛点亮，辇与仪仗及各随员皆以灯烛照明，形成灯火的长龙，这就是灯彩

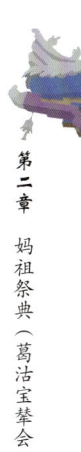

表演，灯彩表演一直持续到整个接驾结束。"三进宫"仪式结束后，各会头要拈香朝拜，宝辇最后加入各辇行列中，然后一起掉转辇的方向行至娘娘庙。在娘娘庙跪拜结束后，各辇回到各茶棚，至此出巡结束。

第三节　风俗趣事

一、妈祖如何来到葛沽

据考葛沽东茶棚建于万历十三年（1585年），由葛沽东边养船大户张少泉家族始建，当时张家有一个漕运队，字号玉厚堂，海运的过程中遇了难，全船船员求助无门，只能祈求神灵保佑，生还后便到湄洲岛去还愿，向住持申请请回一尊"娘娘"。当时请"娘娘"也很有讲究，因为"娘娘"是个姑娘，不能趴在身上背，要背靠背地背着"娘娘"。把"娘娘"请到葛沽时，当时叫姑姑（因为是个姑娘，没结过婚），后来被加封为"天后娘娘"。万历十五年（1587年），张氏家族请来佛龛以后，家里不能离开人，就在东大桥上搭了个棚，将佛龛放在八仙桌上供人们上香，后来将八仙桌与佛龛结合在一起，这就是宝辇的雏形。后来东茶棚的天后娘娘被妈祖协会认定为妈祖的分灵。

二、"庆云高跷"变成"青云高跷"

高跷作为具有浓厚地方特色的文化娱乐活动，深受葛沽人民喜爱。庆云高跷就是最初由葛沽人所创办，外界俗称马家园高跷老会，传至现在已经是第十一代了。青云高跷中的"逗花鼓"对于葛沽人而言，就像年夜饭的饺子一样，不可或缺，其表演的韵律节拍俗称"烂三点儿"，除了葛沽人耳熟能详，在北方其他地区也非常具有代表性。由于葛沽独特的漕运文化、码头文化和妈祖文化的存在，经济尤其繁荣，清朝皇帝乾隆在葛沽现在的杨惠庄村修建了行宫，因为观看过庆云高跷表演而龙颜大悦，特赐一面龙旗，封号为"青云高跷"。自此，庆云高跷便摇身一变，成了青云高跷，由马氏家族传承至今。

三、九桥十八庙

葛沽乃退海之地，也是移民之镇，自古所居人口，呈五方杂处、军民混居的格局，有"九桥十八庙"之说。为什么会有这么多庙？自元代至明清，渔业、盐业、农业、商业、漕运等各行各业迅猛发展，各地的人员频繁流动，决定了文化的多元性和开放性，从而带来了信仰的多元性和开放性，也自然地注定了供奉不同神灵的寺庙之多；同时葛沽镇域经济的繁荣发达也是建造这么多的庙宇的物质保障。

第四节　经典场景

行云龙灯老会、青云高跷老会、长胜高跷会、清平竹马老会、安乐旱船老会、海乐老会、晟平民乐会、渔樵耕读老会都活跃在葛沽宝辇会上，他们的表演极具代表性，一幕幕经典场景给民众留下了深刻印象，深受大众的喜爱和盛赞。

一、行云龙灯老会

行云龙灯老会始于宋代，在明清时期由宝龙馆张氏家族传承发展，到现在已经有三百余年的历史。该老会于2021年列入津南区第六批非物质文化遗产代表性项目名录，主要是舞龙表演。白天和夜晚都有表演，白天使用蓝色的龙，出会时需要在燃放的鞭炮中穿梭，也叫钻鞭；夜晚使用红色的龙，龙头和龙体内装灯，出会时需要在焰火中穿梭，也叫钻花，龙头追随着龙球在焰火中钻进钻出，翻滚腾飞，令人叹为观止（图2-5）。

图2-5　行云龙灯老会之红色的龙

二、青云高跷老会

青云高跷老会俗称马家园高跷，由葛沽镇"庆源号"的马掌柜创立于清朝康熙年间，由葛沽的秧歌会演变而来，至今已有三百六十余年的时间。青云高跷的表演兼具文武两种艺术表演特征，集棒法、唱曲、鼓乐于一体，包括梁山好汉、游湖借伞、哪吒闹海、公子游洼、劝人方等故事情节，表演艺术场景包括个人棒法表演，双人表演，多人故事表演，逗花鼓表演，群体象形、队列、阵法、唱曲表演等。棒法表演包括七十二式传统器械武术，开合攻守、闪展腾挪，歌舞升平、扣人心弦，为真正的武术套路，在全国高跷队伍中绝无仅有（图2-6）。

图2-6 青云高跷老会表演
图片来源：天津市津南区文化体育局

三、长胜高跷老会

长胜高跷会的前身是邓岑子高跷会，抗日战争胜利以后，改名为长胜高跷，"胜"字便取自抗战胜利之"胜"，塑造的人物形象多取自梁山好汉，队伍中包括12个角色：塑造"行者"武松的大头衔，"铁叫子"乐和的璎哥，"母大虫"顾大嫂的文扇（老座子），"拼命三郎"石秀的樵夫，"母夜叉"孙二娘的白杆（白蛇），"立地太岁"阮小二的渔翁，"一丈青"扈三娘的青杆（青蛇），"浪子"燕青的武扇（傻公子），"两头蛇"解珍的前锣，"双尾蝎"解宝的后锣，"病关索"杨雄的俊鼓，"鼓上蚤"时迁的丑鼓等，加上大马蛇象等大场表演，惟妙惟肖、引人入胜，将传奇的历史故事刻画得生动形象（图2-7）。

图2-7 长胜高跷会表演

四、清平竹马老会

清平竹马老会由南方传入葛沽，传说为了表彰和纪念福建水师提督施琅麾下的金、陈二将收复台湾而编排了"竹马"这个民间花会表演形式。清平竹马老会的表演道具制作考究，注重细节，具有极强的仿真性。马的头部与胸部使用结实的帆布手工缝接，在表演时演员们边歌边舞，马头可以在演员的引导下随意摆动，使演出更加生动逼真。清平竹马老会主要有8个演出角色，包括金将军、陈将军、两位满人妻子、两位汉族夫人和两个马童，金、陈二将在队伍中作为一号头马，满人妻子等分列二马、三马和四马，在跑落时主要负责为"宝辇"引驾（图2-8）。

五、安乐旱船老会

安乐旱船老会据推断也是由江南传入葛沽，演绎《白蛇传》的故事。在演出时，共有两只花船，前后分别乘坐许仙和白娘子，船的周围分别有打花落蟒鞭（拉纤），船童撑篙，艄公摇橹，小青摇橹，还有鬼、鱼、蟹、虾、蛙、蛤、蛏、蜗牛组成的精怪（八大怪），在跑船时跟随锣鼓点有时动作轻柔，边唱边舞，有时情节起伏跌宕、船身忽左忽右，犹如在水面行船一般，加上情节表演，声情并茂，诙谐生动（图2-9）。

图2-8 清平竹马老会演出合影

图片来源：郭万梅.葛沽宝辇会：民俗奇葩谱新韵［N］.四川经济日报，2018-07-19（08）

图2-9 安乐老会演出

六、海乐老会

海乐老会的表演早年以扮演海底龙宫水族为原型，有龙王、龙母、虾兵蟹将等，随着时间的推移，几经更迭，形成了如今以小车会为表演形式的独特的葛沽海乐老会，主要分为三个大折演出：一是王大娘和锔缸人表演《王大娘锔缸》，二是云姐和英哥表演《小放牛》，三是小老妈和傻柱子表演《老妈开唠》。

七、晟平民乐会

晟平民乐会是为宝辇引驾的，分为坐乐和行乐，坐乐一般会在花会期间或者为各"娘娘"寿诞之日在茶棚内演奏，行乐一般是在为宝辇引驾时演奏，使用的器具主要包

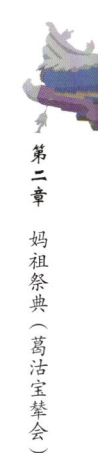

括笙、管、笛、箫，钹、铙、镲、锣、鼓等，演奏清音。

八、渔樵耕读老会

渔樵耕读老会属于葛沽耍乐会，主要表演形式是文唱，是葛沽花会中少见的南腔，曲调高雅悦耳。表演的角色包括渔翁、农夫、白蛇、青蛇、樵夫、相公、书童、牧童等，道具主要包括前场"四进四出"鼓箱、12盏圆形角质灯挑、12面杏黄旗、背瓶灯、手彩子灯和演出乐器，曲目共计24支。

第五节 风俗相关人员专访

一、妈祖祭典代表性传承人马兆盛

1. 请您介绍一下您是如何与这项非遗技艺结缘的。

马兆盛：9岁左右的时候，父亲离世，我是跟着爷爷长起来的。那时候跟着爷爷和大爷跑辇，当时主要负责拿垫脚凳、点亮子，14岁学习木工活，耳濡目染下逐渐喜欢上宝辇。小时候用黄泥制作宝辇，用线做穗子。后来东茶棚恢复宝辇的时候，都是我绘的图，领着师兄弟们一针一线亲手做的（图2-10）。

图2-10 传承人马兆盛先生表演法鼓
图片来源：传承人马兆盛提供

2. 您既是东茶棚的会头，也是国家非遗的传承人，那么东茶棚是不是最早的茶棚？

马兆盛：葛沽妈祖文化属于民俗文化，根据记载，东茶棚是最早的茶棚，以前娘娘庙里供奉着好多"娘娘"，不是每个"娘娘"都有宝辇。民间采访时会发现有很多的版本，但是应该以我们葛沽东茶棚为准，因为我们是一代代传下来的，也是历史上记载的，基本上没有虚构的，比较真实。东茶棚最早的会址在葛沽东大桥，搭设在东大桥南侧水面上，是葛沽镇的水榭灯棚，因为需要统一规划，拆迁后到了现在的临时茶棚。

3. 这么复杂的宝辇是如何制作的？当时为什么葛沽能制作出来？

马兆盛：制作宝辇需要有绘制设计图的师傅，需要有木工师傅负责制作和雕刻，还要有书法和彩绘的师傅及负责刺绣的师傅，因此，只有商业门类齐全的葛沽镇才能完成宝辇的制作。

后来宝辇上雕刻龙、花草、囍字、动物等，宝辇逐渐丰富起来了，用竹竿搭上架子，用席围盖好，搭出造型来，前头一高二低，有檐子和贴对子的地方，里面八仙桌上面摆上茶壶茶碗，招待香客们座谈进香。东茶棚现在建了440多年了。当时恢复宝辇的时候，是根据现存的照片和记忆恢复的，民间的老师傅做过小宝辇，段如何老师根据回忆将小宝辇放大365倍重新制作了东茶棚的宝辇。

4.茶棚像是喝茶的地方，与妈祖行宫是什么关系？

马兆盛：与中华妈祖交流学会会长交流时，他们认为茶棚这个称呼与全国其他地方的妈祖祠不同，他们理解不了，他们认为茶棚是喝茶的地方，后来就在天津市津南区葛沽东茶棚后面加上了妈祖行宫这几个字，才进一步被认可了。

5.辇房和茶棚是什么关系？

马兆盛：辇房是辇房，茶棚是茶棚，茶棚要在葛沽最繁华的地方搭，搭在"九桥十八庙"的地方。辇房是存放"娘娘"的地方，以东茶棚来说，就放在"九桥十八庙"其中的一个土地庙里，土地庙坐西朝东，红大门，四间南房，其中三间由守庙三年的住持居住使用，还有一间是筒子屋，存放东茶棚的东西，满满当当，一个个箱子一直码放到房顶，箱子都是用大漆漆的，上面雕刻着好东西，鎏金的地方就是金，不像现在用的金粉或者金箔，所以以前也很少听我爷爷说以前重新造过辇。

6.茶棚是怎么命名的？

马兆盛：坐落在东边就叫东茶棚，坐落在西边就叫西茶棚，坐落在营房道就叫营房茶棚。

7.海亭也是您负责的，它是怎么来的？

马兆盛：早先天津三岔口有一个私人的亭子往外卖，我爷爷正好想给"海神娘娘"置一驾亭，张氏家族后代传人、我八爷、我九爷和我爷爷到了那经过商量沟通就定下来了。这家有两个灯，一个紫的一个白的，只给白的不给紫的，因为当时的灯不是用彩料绘的，是油漆刷的，也不具备现在的科学水平，都是原材料的色，所以紫色的灯比较珍贵，卖家没给。现在这驾海亭是2020年重新制作的，上面的雕刻是我设计的，由我说师傅们画，画的有八仙过海、老龙宫等，对联是新配的。在这个亭子的基础上，又重新制作了一驾5米多高的驾前灯亭，特点就是上面有108个灯和108个铃铛，出会的时候在宝辇的前面会营造出灯火辉煌的氛围。

8. 请您介绍一下外出参加文化交流的情况。

马兆盛：除了参加葛沽宝辇花卉外，东茶棚还受邀参加了很多活动。参加的本市活动有：天津滨海新区塘沽妈祖园主办的妈祖节、京津冀妈祖汇演，以及在娘娘宫、汉沽妈祖园、北宁公园、二宫等地举办的相关活动；外地的活动如：去福建参加娘娘回家活动，参加此次活动的有包括中国台湾和新加坡在内的100多家棚子。举办方唯独对葛沽宝辇给予了最优待遇，妈祖祠堂下面有一个佛堂，除"妈祖和她父母"外，只有东茶棚的"娘娘"摆在了佛堂上面。在对外宣传的大显示屏上也唯独打出了"热烈欢迎天津市津南区葛沽东茶棚妈祖行宫"，足见对我们特别认可。在接待时也体现出了对葛沽宝辇的特殊待遇，上百家棚子都吃大锅饭妈祖面，对咱葛沽参会人员除了安排五星级宾馆，当地相关领导还出席陪同。

9. 出会的时候会员们是否有收入？

马兆盛：出去演出时，茶棚的领导和会员们都很无私，没有收入。现在，接驾这一天管一顿饭，因为如果各回各家吃饭再回来的时间不统一，所以就要统一吃饭。其实接驾这天跑辇一天下来是非常辛苦的，所以说葛沽镇的民俗文化都是因为老百姓的热爱和凝聚力。

10. 请您谈谈您印象中最辉煌的庙会盛况？

马兆盛：葛沽镇当时的名气大，从正月初六到正月十六日，张灯结彩，非常繁华，庙会名声大、持续时间长，全国各地的观众都来看会。正月来我家做客的亲朋好友，没有坐下吃饭的，都是专程看会的，看跑辇的。前进中的辇，跑出花样来，拐弯、8字形、神龙摆尾、神龙盘柱，甚是壮观。还有耍乐，更具有葛沽特点。虽然全国各地都有龙灯，但是葛沽的龙灯会"叫"，耍乐也都有曲子，无论是做派还是表演形式都有板有眼，都是舞台上的东西，如竹马、渔樵耕读等曾经登过中华大戏院的舞台表演。

11. 您在传承过程中遇到过什么困难？

马兆盛：在传承过程中最大的困难是跑辇的人员问题。按照一趟辇计算包括锣、号、旗等在内就需要108个人，如果按照三趟辇计算就得300人。东茶棚现在抬辇的人的岁数都已经很大了，后来的人因为不干这个，加之体力劳动也少了，强度不如以前这些码头搬运工人，所以，抬辇跑落将会面临着懂行且能干的人越来越少的情况。另外，会头传承人选也是问题，虽然目前的会员们都可以传承，出会的时候都会帮忙装辇、抬辇、拆辇，也掌握了抬辇的流程，但是作为会头不仅需要会这些，还需要能够领导大家，有威望，让大家信服。

二、葛沽文化站工作人员

1.请您谈谈葛沽镇传承宝辇会的优势。

工作人员：葛沽这个地区过去很发达，老字号经营的项目多，葛沽承担着制盐重任，交通发达，靠水运往外运输；漕运也发达，分两种，一种是下海捕鱼，另一种是养船的商船，南北货物交流。葛沽生活水平高，大大小小的买卖店铺特别齐全。这些都是葛沽镇可以传承宝辇会的优势。

2.除了漕运和商业，请您谈谈葛沽的农业发展情况。

工作人员：葛沽兴盛于商业和农业，据记载，道光年间小站稻的主要产区在葛沽。葛沽人都种水稻，小站那个地方的稻田也是葛沽的，为什么这么说，经过研究发现，地主虽然都在葛沽住，但是地主的土地在小站，所以小站稻应该是始于葛沽。

3.现在的新会道与以前老会道相比，对于举办方有哪些新要求？

工作人员：新会道与老会道相比，现在遇到的形势比以前要复杂很多，意味着政府要投入更多的资金、人力和精力。比如需要安装直通公安系统的视频监控系统，除了几千人的演职人员外，还包括维持秩序的武警部队、警察等2700余人（没有包括政府部门工作人员）等。

4.作为担当着文化传承重要职责的管理部门，您怎么看抬辇人逐渐老龄化趋势？

工作人员：古时负责抬辇跑辇的人主要由码头上干活的和抬轿子的人构成，到了计划经济时期，由于人们都在生产队干活，到了冬季，随着农渔业停工，平日里忙活的人们便闲了下来，这时商贾大户便出资出物专供跑辇人训练，类似于国家队运动员集训一样，所以当时跑辇人不但身体素质好而且对跑落的技术更加熟练。然而，随着城镇化进程的加快，现在抬辇的人也都需要上班，没有太多的时间去练功，抬辇跑落逐渐面临着后继无人的窘境。这确实是目前传承这一民俗必须要想办法解决的当务之急。

5.请您介绍一下宝辇会主要的资金来源。

工作人员：每驾宝辇的资金都是自筹经费、自我管理。以前，由于老百姓平日里需要干活，每年只在正月出一次会，这次出会主要由官商富户提供米面粮油等赞助，老百姓对这项民俗非常热爱和支持，纷纷自发参加跑辇活动。1985年复会以后，由政府出资复建了第一驾宝辇，其余七驾宝辇和两座亭子完全是由社会集资，除有些大企业在当时捐赠上千元外，其余的经费都是由各家各户慷慨解囊，有捐赠1元、2元的，也有捐十几、几十元的，依靠着村民对传统技艺的情感逐渐复原了全部宝辇。从这种意义上来说，宝辇的所有权和产权应该是集体所有。

自2017年葛沽示范镇建设以来，各道会开始逐渐参加一些展演、表演等商业活动，政府也会择优扶持给予适当的经费补助，每年从正月初一到十六，有些企业或个人会去"拜娘娘"，影响大的茶棚还会收到企业赞助的香火钱，正月期间的香火钱是各茶棚最主要的经费来源。

6. 您认为葛沽宝辇会目前面临哪些挑战？

工作人员：会头的遴选机制不够健全完善。会头除了能够确保茶棚的经费充足以外，还需要处理会内日常事务，包括在展演前召集人员、维护宝辇、对外联络等工作。会头的传承主要包括会内推选和家族传让两种方式，从目前实际情况来看，无论是选的，还是传下来的，都不够规范，有的会传承方面后继无人，能够掌握精髓的较少，例如，喜欢玩高跷的孩子有很多，但是对高跷技艺精髓的把握还远远不够。

另外，观众对于碎片文化的偏好也会影响技艺的传承。与短视频这类碎片文化平台相类似，观众们在看会时录制下来最精彩的是高跷、耍棒子，很少关注青杆、白杆、渔翁、锣鼓四件等其他艺人们的表演，缺少了观众的捧场，也会导致缺少演职人员，加之经费筹措难度加大。如果不及时解决这些问题，难以预见这些技艺未来的传承发展。

参考文献

[1] 王振良，高惠军，陈克. 天后宫行会图校注 [M]. 天津：天津古籍出版社，2017.

[2] 天津市津南区葛沽镇文化站. 葛沽宝辇会系列 [Z]. 天津市津南区葛沽镇文化站内刊，2019.

[3] 冯骥才. 葛沽宝辇老会 [M]. 山东：山东教育出版社，2014.

第三章
潮音寺民间庙会

潮音寺，位于天津市滨海新区塘沽西部大沽街道，始建于明代永乐二年（1404年），距今已有六百多年历史，文化底蕴深厚，现为国家AAA级旅游景点。每年的农历二月十九日，即观音诞辰日，会举行祈福法会和民俗表演。法会和众多的表演吸引了大量的民众，同时也招徕大量商贩，逐渐形成了大规模的民间庙会。2009年，潮音寺民间寺庙会被列入天津市第二批非物质文化遗产名录（表3-1、图3-1）。

表3-1　潮音寺民间庙会项目简介

名录名称	名录级别	申报单位或地区
潮音寺民间庙会	市级	塘沽区

注　塘沽区现为滨海新区。

图3-1　潮音寺民间庙会非物质文化遗产证书

在庙会期间，潮音寺会举行庄重盛大的祈福法会。寺中有许多大殿，如观音殿、地藏殿、送子殿、普贤殿等。不仅如此，潮音寺民间庙会期间还有施斋活动。此外，大量民间团体也会来庙会表演，如舞龙、舞狮、飞镲、秧歌、高跷等，其中最让当地人熟知的有汉沽飞镲、大沽龙灯、高跷、秧歌等。

第一节　起源与演进

一、风俗的起源

潮音寺是大沽地区仅存的古寺，寺中供奉的是观音菩萨，传说是西大沽一刘姓船户请来的，时值农历二月十九日，故将此日定为菩萨诞辰。后来每逢农历二月十九日，人们便来潮音寺举行典礼，吸引了周边越来越多的人，久而久之，便形成了形式丰富、场面热闹的民间庙会。

（一）三代皇帝，题名拜谒

明朝嘉靖年间，大沽地区倭寇猖獗，频遭侵扰。嘉靖皇帝为安抚民心，提出拨款重新修缮南海大寺，将其结构由土木改为砖瓦，并亲自题名"潮音寺"。时至清朝，此地成为北盐南运、南粮北运的始地，又是保卫首都的要塞，被历任皇帝所看重。据传康熙皇帝与乾隆皇帝都信佛，对潮音寺更是看重。康熙皇帝曾亲临大沽，在视察军事期间，去潮音寺拜谒。康熙见该寺简陋，故于1690年拨银修葺。乾隆皇帝后来也曾到过潮音寺。由于有皇帝的亲临，该寺以此为荣，人们以此为尊，潮音寺遂声名远扬（图3-2～图3-5）。

图3-2　潮音寺正面

图3-3　三面观音立像

（二）南来北往，又紧紧相连

每年农历二月十九日即观音菩萨圣诞日，潮音寺都会举办庙会活动庆祝。多年来，接待游客量达百万人次。若到潮音寺旅游观光，寺内也卖有纪念品和礼佛用品。特别是原大沽地区的海外侨胞和港澳同胞，出于对故土的热爱，也纷纷捐款。如此，潮音寺也成为连接和维系人们情感的重要纽带。

图3-4　四大天王（其二）

图3-5　潮音寺敬香处

二、风俗的演进

潮音寺民间庙会在发展过程中，随着时代的更迭与社会的变迁，也经历着起起伏伏的变化，从兴起、繁盛、走向没落再到重焕生机。近年来，随着国家和地方政府的重视，潮音寺民间庙会也因时代的际遇，重焕生机日渐精彩。

（一）传统庙会，精彩纷呈

清朝康乾年间，庙会作为喜闻乐见的民俗活动得到进一步兴盛，潮音寺也成为该地区民间休闲娱乐最集中的场所。潮音寺民间庙会的筹备期从正月初五到二月十五日。准备期间在前殿搭盖金陵天棚，在其他分殿设各会灯棚。庙会期间，有来自全国各地的民间文艺团体的表演，也有南来北往的商贩摆放的各色摊位和各种各样的商品，场面热闹非凡，每年庙会可吸引数十万游客，成为当地民俗文化遗产中传承最久的活动之一（图3-6~图3-9）。

图3-6　庙会场景

图片来源：潮音寺庙会相关负责人提供

图3-7　葛沽高跷表演

图片来源：同图3-6

图3-8　胡家园秧歌队
图片来源：潮音寺庙会相关负责人提供

图3-9　戏曲演出
图片来源：同图3-8

（二）重修寺庙，扬名内外

1990年，潮音寺重建，组建了寺庙委员会。在庙会举办期间，有临时领导小组负责统一管理。1991年的潮音寺民间庙会是当时规模最大和人数最多的一届。庙会为期四天，有十二万余人次参加此次活动，有大量商人、表演团体来此，场面空前盛大。前来参加的人来自全国各地。不仅如此，当时的各大轮船公司驻京津办事处的工作人员也纷纷至此。潮音寺民间庙会虽然只是以大沽为中心的庙会，但其影响力和影响范围却是全国甚至世界性的。因此，潮音寺民间庙会的举办，不但丰富了人们的生活，而且在此过程中弘扬了中华传统民俗文化，增强了民族凝聚力。

（三）时代变迁，辉煌难续

随着社会和时代的变迁，曾经走南闯北的商队已鲜有通过庙会来贩售商品，加之该寺周边不断的拆迁改造，使得庙会活跃的土壤渐渐消失。曾经在庙会上大放光彩的表演，也因传承问题逐渐走向衰落。大量年轻人有了本职工作，用在表演训练上的时间、热情和精力逐渐减少，加之老艺人因年事已高不得不退出舞台，甚至有些已遗憾离世，让许多表演几近失传。

（四）政策扶植，重焕光彩

面对逐渐落寞的庙会，天津市和所在区政府给予了关注和支持，投入了大量的资金扶植各类艺术团体，基本保障了这些优秀的民间艺术能够继续传承。为增强庙会的统筹管理，有关各方还积极联络表演团体，了解表演内容并进行信息采集，使其能更好地传承下去。

近年来，在政府和各方民众的帮助下，潮音寺民间庙会持续如期举行。每年农历二月十九日，依旧吸引大量民众前来参加。不仅如此，各类花会表演，也继续上演着精彩的节目，为人们带来一场又一场视听盛宴。

第二节　内容与程式

年逢农历二月十九日，当地民众都会举行观音圣诞庆典。正月初五至二月十五日为庙会筹备期，在潮音寺的前殿立起金陵天棚，苇席搭盖，肃穆壮观。其他配殿分设各会的灯棚，包括座落会、耍落会、燃盒子灯会等。一般农历二月十七日庙会开始。各会皆由大殿敬善社统一管辖，有条不紊地安排布置。表3-2为2023年潮音寺庙会日程安排。

表3-2　2023年潮音寺庙会日程安排表

时间	早上 5:30~6:30	上午 8:30~9:15	上午 9:30~10:15	上午 10:30~11:15	中午 12:20~12:00	下午 13:30~14:15	下午 14:30~15:30	晚上 17:30~18:30
3月8日（农历二月十七日）	起香	礼《观音宝忏》	礼《观音宝忏》	献供	午斋	礼《观音宝忏》	礼《观音宝忏》	—
3月9日（农历二月十八日）	早课	请圣	—	献供	午斋	—	—	晚课施食
3月10日（农历二月十九日）	祝圣	礼《观音宝忏》	礼《观音宝忏》	献供	午斋	礼《观音宝忏》	礼《观音宝忏》	—
3月11日（农历二月二十日）	早课	送圣	—	献供	午斋	皈依	放生	圆满普佛

资料来源：2023年潮音寺圣诞祈福庙会通启。

作为庙会举办核心地点的潮音寺，寺内建筑承袭皇家寺院风格，设计精巧、布局严谨，飞檐斗拱、彩饰金装、气势恢宏、盛大庄严，中轴线上依次修建了黄瓦红墙的山门殿、天王殿、大雄宝殿、观音殿、藏经楼（图3-10~图3-15）。

图 3-10　全景图

图 3-11　修复潮音寺碑记

图 3-12　天王殿

图 3-13　大雄宝殿

图 3-14　观音殿

图 3-15　藏经楼

山门殿南侧柳仙亭（图3-16），为观音护法神"柳仙"所在。相传"柳仙"神通广大，善饮好酒，人们每每为其贡酒祝祷，成为潮音寺独特的民俗文化风景。

　　寺院南北两侧有护法殿、元辰殿、地藏殿、普贤殿、文殊殿、送子殿，彰显环渤海地区文化融合之大象，萃集海洋祈福文化之大成（图3-17～图3-22）。

　　庙会期间，有盛大庄严的祈福法会，内容包括洒净、普佛、供佛、皈依、诵经拜忏以及请圣、祝圣、巡圣、送圣等环节。

图3-16　柳仙亭

图3-17　护法殿

图3-18　元辰殿

图3-19　地藏殿

图3-20　普贤殿

图3-21 文殊殿

图3-22 送子殿

在庙会期间，大众通过到抄经处（图3-23）、供奉处（图3-24）及庙内各殿敬香祈福、系祈福带等方式祈福许愿，场面十分盛大。

图3-23 抄经处

图3-24 供奉处

古时庙会期间还有许多民间团体来此表演，如舞龙、舞狮、杂技、秧歌、高跷、民间曲艺、京剧、河北梆子、天津快板、河南豫剧等都为庙会助兴。庙会中展示的民间艺术还有泥人、面人、糖人、手编花鸟、绘画、雕刻、书法、古玩，形式多样。民间杂艺有东北二人转、西北拉骆驼、西南茶艺，还有耍猴、骑马、游艺、歌舞等。庙会期间，商贸交流更为突出，很多商贸队伍这几天都云集到此，有来自东北经营料酒、人参、貂皮等特产的商队；来自内蒙古和青海经营羊毛制品和马术表演的驼队和马队；以及来自云南经营茶叶和药品的马队等。周边城市如北京、河北、山东等地的古玩、字画商也都云集到此。

如今每年庙会，潮音寺会组织义工，精心准备大量的"庆生饺子""观音喜面"等素斋，免费与大众施斋结缘。来潮音寺逛庙会，吃一顿饺子、吃一碗喜面，已成为人们最为期待的内容之一。表3-3为潮音寺庙会期间施斋安排表。

表3-3　潮音寺庙会期间施斋安排表

日期	施斋时间	斋饭	食材
农历二月十七	11：30～13：30	罗汉斋	香菇、杏鲍菇、花生、土豆、木耳、胡萝卜、茄子、腐竹、豆腐、芹菜
农历二月十八	11：30～13：30	庆生饺子	白菜、萝卜、香菇、杏鲍菇、木耳、粉丝、面筋、酱豆腐
农历二月十九	8：00～15：00	观音喜面	炸酱：香干、杏鲍菇、炸花生米、面酱 素卤：番茄、杏鲍菇、木耳、香菇、煮花生、面筋、番茄酱 拌菜：黄瓜、胡萝卜、豆芽、香菜

第三节　风俗趣事

潮音寺建寺多年，潮音寺民间庙会蕴含丰富的文化，其背后所沿袭的传统、流传的神话传说，也为其蒙上了神秘的色彩，增加了趣味。

一、菩萨显灵，逢凶化吉

古时大沽地区的居民多以捕鱼为生。传说有一天，一对刘姓兄弟出海打鱼，在海上遇险迷失方向，流落到小岛，饥饿的两人躺在地上无法移动。突然，看见一位老奶奶走来，在锅里放了几粒米，竟然很快煮成一锅香甜的米饭。两兄弟对此既惊喜又感激。随后，老奶奶提出也随船北上，两人欣然答应，次日便乘船北归。一路上风平浪静，很快就到达岸边。于是两兄弟背着老奶奶上岸休息，突然，老奶奶变成一座泥像，还有阵阵青烟冒出。这时人们才想到是观音菩萨在保佑世人。后来，当地居民们便在岸边盖了三座茅屋作为庙宇。庙宇坐东朝西而建，面向大海，起名为南海大寺，这便是后来的潮音寺。

二、庙会素面，意外出圈

潮音寺民间庙会期间会举行施斋活动，向民众免费发放素面。这项活动也是根据天津习俗而产生的。在天津，人们过生日的时候常会吃捞面。农历二月十九日观音诞辰，为观音祝寿，自然也就将吃捞面作为每年庙会的一项特色活动。

观音寺中有一个小斋堂和一个大斋堂，平时义工和法师会在小斋堂用餐，在庙会当天会开放大斋堂，可供上千人吃素面。潮音寺的素面因美味可口、分量十足深受人们喜爱，成为人们每次参加庙会时惦念的食物。因为素面广受好评，潮音寺现在初一、十五、周末也会准备素面供民众品尝。

三、潮音寺柳仙的传说

潮音寺山门殿南侧的柳仙亭，供奉的是观音护法神"柳仙"。传说中，"柳仙"神通广大，喜饮美酒，人们常常向其献酒祈祷，形成了潮音寺独特的民俗文化景象。"柳仙"即"蛇仙"，相传潮音寺曾经有一棵巨大的柳树，是一位得道的蛇仙的化身。这棵树不但枝繁叶茂，而且其枝叶能够治疗疾病，因此常有大沽附近的患者前来求医。民众出于感恩，修建了亭子用于供奉"柳仙"。清末民初的《醒俗画报》中描述了当时西大沽信仰"柳仙"的风俗。一幅名为《设立坛口》的画所附注释写了一则故事：海口西大沽关帝庙前，一位名叫王富有的人，其妻子杨氏伪称柳二爷附体，设立坛口，招致人们纷纷前来烧香祈福。尽管杨氏的骗局被揭穿，但这也表明了从潮音寺到关帝庙，"柳仙"信仰在当地十分盛行。

四、五狮捧月图的由来

曹锟，出生于天津大沽口（现属天津市滨海新区），是当地比较有名的人物。据说，曹锟自幼胆识过人。一天，他与伙伴玩耍时，在寺庙后院发现了一只奇形大壁虎。其他同伴惊慌逃散，唯独曹锟用树枝逗弄壁虎，毫不畏惧。乡人便说：今日小曹锟戏逗壁虎，将来必定不凡。民国初年，曹锟拨款重修潮音寺，并在寺庙正殿屋脊上增塑一幅五狮捧月图，山门屋脊上还塑了"平安"二字，使潮音寺焕然一新。

五、飞镲一响，热爱不断

汉沽飞镲作为潮音寺民间庙会中极具代表性的表演，大约产生于清朝光绪初年，也是国家级非物质文化遗产（图3-25），是集民间武术、音乐、舞蹈为一体的传统民俗表演项目，给观众们留下了深刻的印象，也给庙会本身增添了趣味。作为非物质文化遗产，无论是在庙会内还是庙会外都有着一个又一个精彩有趣的故事，折射出表演者们的热爱与坚持，也反映了民间庙会中表演团体的现状。

图3-25 汉沽飞镲非物质文化遗产证书

2013年，汉沽飞镲第四代代表性传承人崔宝宾老师受天津市旅游局的邀请，带着他的飞镲表演团队作为大陆唯一一支表演团体，赴香港参加"春节民俗文化大巡游"，与来自世界各地的表演团体齐聚于香港，巡游表演。当天正值农历大年初一，人们纷纷上街庆祝春节，观看表演。大多数团员是第一次来到香港，大家都显得十分兴奋。当天的表演行程是：先在主会场进行一场表演，再走过两公里的街道到分会场进行第二次表演。汉沽飞镲被安排在中间的位置，当中英文播报"汉沽飞镲"节目名称后，镲、鼓和铙立刻齐作，像是会场中的一声惊雷，抓住了所有观众的注意力。团员们看到大家的热情反应，表演得也越来越有劲，发挥得淋漓尽致，获得观众大赞。前几届的巡游中旱冰、高跷等是常演节目，而飞镲则是第一次在巡游中表演。极具视听效果的飞镲表演，在夜晚灯光的渲染下，带动人们的情绪达到高潮，将整个巡游的氛围推至顶点。结束完主会场表演，队中一名年近七十的团员，扛着高5米的队名大旗走在最前面，在走向分会场的途中人山人海，有外国记者在采访时希望团队再表演一段，团员们看到大家的热情，便索性从主会场打到分会场，就这样沿途不间断地表演了两公里，到了分会场再进行最终的表演。回去后，大家都十分疲惫，团员们脸上的妆容被汗水晕花，一位二十多岁的鼓手，胳膊酸得已经抬不动了，手掌也磨出了水泡，但大家都坚持下来了，把中国民间非遗展现在世界舞台上，非常令人钦佩。

六、首战负伤，不掩豪情

大沽龙灯2006年入选为天津市第一批市级非物质文化遗产代表项目（图3-26），其作为潮音寺民间庙会中最经典、最具影响力的表演之一，同样给民众留下了深刻的印象。

1997年，经过一年多的准备，大沽龙队终于复出参与演出。复出的首场演出就是龙队的"老伙计"潮音寺民间庙会。当天的庙会人潮汹涌，场面盛大。传承人路祥老师说："你演得好不好，老百姓们的反应是最直观的。你好，大家就为你喝彩；你不好，人家就没什么反应。"在庙会演出现场，还发生了一点意外，路祥老师在队内担任舞龙球的角色，在演出过程中不慎划伤了左腿，但路祥老师不顾腿伤，只在几分钟的休息过程中拿粗布绑了一下就立刻继续持球上场，游龙飞舞，精彩不断，观众们看得十分过瘾，意犹未尽，那条旧日盘旋在津沽地区的"游龙"又回来了。也正是经此之后，大沽龙灯正式宣告重组成功，重新回到公众视野，从此每一年的潮音寺庙会上都能看到龙队的风采。

图 3-26　大沽龙灯非物质文化遗产证书

第四节　经典场景

近年来潮音寺民间庙会开展得热闹非凡。以2017年潮音寺民间庙会为例，当年的庙会开办时间虽然不在公休日，但还是吸引了15万左右的民众前来。民众在此次庙会施斋中分享"观音喜面""庆生饺子"共计2.5万份素斋。此次庙会中的花会更是精彩纷呈，来自滨海新区的传统花会、非物质文化遗产展演等共12支队伍，总计300余人参与演出，汉沽飞镲、大沽龙灯、高跷、秧歌、宝撑等都贡献了精彩的表演，为人们献上了一场精彩的文化盛宴。此外，在参与人员上也十分广泛，不仅有香客和表演团体，各地的商户也纷纷加入，主办方在会场南侧空地设置商贸范围，供来往民众选购（图3-27～图3-31）。此次庙会在各大媒体和网络平台宣传报道下，让更多人了解了潮音寺民间庙会，充分展示了其百年来所沉淀的文化魅力，体现了该地区和谐发展的社会景象。

图3-27　2017年潮音寺庙会

图片来源：天津政务网

图3-28　舞龙

图片来源：同图3-27

图3-29　观众参观

图片来源：同图3-27

图3-30　商贩

图片来源：同图3-27

图3-31　高跷

图片来源：同图3-27

一、汉沽飞镲大放异彩

作为庙会代表性表演项目的汉沽飞镲，在表演过程中有"分镲""镲缕""怀镲"等多变的打镲技巧，打击出铿锵的节奏，再结合大鼓、铙深深抓住观众的听觉。不仅如此，在汉沽飞镲的传承与发展中，还加入了武术和舞蹈的动作，大开大合又行云流水的表演，让观众大饱眼福，用视听盛宴来形容汉沽飞镲再适合不过。

汉沽飞镲使用的道具最开始是四对飞镲（既是乐器也是道具），还有一面大鼓和两面铙作为乐器配合。镲、鼓、铙密切结合，再配合武术动作和舞蹈动作，使飞镲表演在极具观赏性的同时也兼具震撼力。

（一）表演道具

镲是中国传统的乐器之一。在汉沽地区，捕鱼业发达，有大量的渔民常常进行海上作业。镲作为那时几乎家家都有的器具，用于出海作业、丰收庆祝之用。比如，在海上捕捞时遇到大雾，渔民们常用击打飞镲来确认互相位置，久而久之，渔民们甚至可以通过不同的击打节奏来确认对方身份。当人们捕鱼归来，收获颇丰时，也会通过打镲来庆祝。在不断发展中，该表演也渐渐形成系统，加入了鼓和铙，演出效果更加生动（图3-32～图3-38）。

图3-32 飞镲

图3-33 铙

图3-34 鼓

图3-35 鼓槌

动作和字体。

大沽龙灯的表演道具包括龙头、龙球、龙身、鼓和表演服装（图3-48～图3-54）。

图3-48　龙头

图3-49　龙球

图3-50　龙身

图3-51　鼓

图3-52　第一代表演服装

图3-53　第二代表演服装

图3-54　第三代表演服装

（二）表演场景[1]

大沽龙灯表演的主要动作姿态为翻滚、脱皮、大抄、缠绕等，结合手、眼、身、法、步等武术套路，同时配合快、慢、动、轻、重、缓、急等多种变化的鼓点，有独具一格的表演特色。大沽龙灯多次亮相潮音寺庙会，置身人潮如织的庙会现场，在抑扬顿挫的鼓声带动之下，一条游龙在现场蜿蜒盘旋，气场十足，同时展示出"天下太平"四个字，将这场笙歌鼎沸的庙会气氛烘托得淋漓尽致，民众对大沽龙灯的表演连连叫好，表演结束还意犹未尽（图3-55～图3-62）。

图3-55　龙队重组成功

图3-56　龙队参加2007年潮音寺庙会

图3-57　龙队参加2008年潮音寺庙会

图3-58　龙队参加2009年潮音寺庙会

图3-59　消防中队训练现场

图3-60　庆祝滨海新区博物馆落成

---

[1] 此部分图片均由传承人路祥提供。

图3-61　路祥老师活动现场指挥　　图3-62　京津冀非遗联展演出

第五节　风俗相关人员专访

一、潮音寺义工甲

1.您是否参加过潮音寺民间庙会？

义工：参加过。我从2013年做义工到现在。我记得其中有一年义工只有三人，我就是其中之一。从2013年开始每年的潮音寺民间庙会我都有参加，一年都没有落下，特别荣幸。

2.您认为今年（2023年）的庙会情况如何？

义工：今年来参加庙会的人很多，真的可以用人山人海、摩肩接踵来形容。新冠肺炎疫情之前庙会可能有七八万人次，今年大约有十万人次。今年庙会在人多的时段甚至会限流，只出不进，以防范安全问题，整体上十分有序。区政府十分重视，不仅从三面观音到潮音寺门口都设置有护栏，让人们有序进入，而且非常重视安保和消防，庙会期间安排许多保安和消防人员，确保了整个庙会安全有序进行。

3.潮音寺民间庙会有什么特色活动？

义工：我们会在庙会这一天给民众们免费发放素面。潮音寺的素面还是很有名的，有很多人会惦念潮音寺素面。素面很实惠，分量也很大，还包含一颗供果。现在不仅庙会期间会准备素面，初一、十五、周末也会准备。寺里有一个大斋堂，庙会那天会开放可供上千人吃素面。这项活动是根据天津过生日吃捞面的习俗产生的，农历二月十九日为观音祝寿，自然也就将吃捞面作为每年庙会的一项特色活动。

4.潮音寺自2013年开始扩建，您觉得它对庙会的进行是否有影响？

义工：没有影响，庙会一直在正常进行，没有因为扩建而中断。我刚好是2013年来的，见证了潮音寺从扩建到现在的全过程。在扩建期间，虽然有的大殿中甚至连佛像都没安置好，但我们会做一些相应的布置，让庙会顺利进行。看着潮音寺从原来的样子到现在的一砖一瓦、一草一木，非常感慨，也非常荣幸能见证这些变化。

5.您认为现在庙会在人们的生活中是否被淡化？

义工：我认为没有。我在潮音寺做义工10年，每年参加庙会的时候人们还是十分热情的。我认识一位老爷爷，每年农历二月十九日那天都会在早上5点到潮音寺来敬香参拜。还有一位杨老师，每年农历二月十九日也一定会来这拍照片，记录潮音寺民间庙会，也会给义工们拍一些照片，可能现在年纪大了就没来了。老东沽人对潮音寺的敬畏之情是很深厚的。以前参加庙会的年轻人相对较少，现在也多了起来。很多都是一家人一块儿来祈福敬香，然后看看表演。在非庙会期间，来寺院的人数也有增加。

6.您认为潮音寺民间庙会发展过程中有什么需要提升的？

义工：我认为是义工队伍的培养与培训，对此我感受是很深的。潮音寺民间庙会目前是天津市的非遗项目，我很希望能申请到国家级非遗。虽然潮音寺在义工人数上是不缺的，包括法会临时来的和平时也在寺里的义工目前大概有上千人，但如果要达到国家级水平，义工在接待能力、接待素质、佛学修养和大型法会的护持能力上还需提高。现在我们处理日常基本的事务还可以，但还远远达不到师傅们的水平。

二、潮音寺义工乙

1.请您介绍一下一年一度的潮音寺民间庙会。

义工：潮音寺民间庙会是在每年农历的二月十九日，是为庆贺观音诞辰而举办的，庙会当天要举办祈福法会，有大量民众来这里上香参拜。同时会有很多表演项目和其他活动，呈现出规模宏大的庙会盛景。1990年潮音寺重修之后，政府给予大量资金支持，广泛邀请民间花会团体，庙会盛况空前，与会人数屡创新高。参与庙会的方式也由最初的潮音寺邀请变为各类团体主动报名参加，现在潮音寺民间庙会已经不仅是一场纪念观音诞辰的法会，而且已成为一场空前盛大的文化盛宴。

2.您对之后的庙会有什么展望？

义工：远的就不说了，就谈谈下一次的庙会。庙会由于客观原因停办了几年。这种情况下，寺庙委员会已决定将大力操持下一届的庙会，通过这次庙会再次把老朋友聚在一起，同时配合政府加大宣传力度，吸引更多的新朋友，争取人数再创新高。具体的就是优化庙会内容，创新设计流程，同时在表演上不但要邀请到以前的团队，更要增添一些新奇表演项目，增加趣味性，吸引更多人前来参加。

三、潮音寺游客

1.采访问题

（1）您是否参加过潮音寺民间庙会？

（2）请问您知道潮音寺庙会的举办原因是什么？

（3）您是从什么渠道了解潮音寺民间庙会的举办情况？

（4）请谈谈您参加潮音民间庙会的感受。

（5）您身边知道潮音寺民间庙会的人多吗？

2.游客回答

*游客甲：*我这些年一直都参加庙会，有二十多年了，最开始是和家里长辈一起来参加，后来对此越来越感兴趣，就每年都会来。举办原因当然知道，这寺庙对面就是三面观音石像，每年农历二月十九日祝贺"观音娘娘"生辰。我们来这里一般是上香祈福。庙会当天现场真的是人山人海，可以说每一寸空间都是挤出来的，场面也是真的热闹非凡，各式表演都很有趣，大家的掌声和欢呼声感觉都能传到十里外。庙会上还有法会，法会是很庄严的。现在这种活动太少了，希望以后每年都可以看到这样的场景。

*游客乙：*参加过，今年的庙会我也来了，很多人来这里上香。大家都是来为"观音娘娘"庆生。除了参加潮音寺庙会外，我初一、十五如果有时间的话也会来潮音寺，家里的老人，也会经常来。我家住塘沽，这里庙会办了很多年，所以大家都是知道的。

*游客丙：*今年没有参加，以前有来过。我住这附近，大家都知道潮音寺民间庙会，每年我们片区的居民很多都会来的。每年潮音寺开庙会的时候都很热闹，我感受最深的就是人多，当天这一块都会交通管制，有好多警察来维持治安。来上香的人很多，我们一般都是一家人来，看看表演，逛一下寺院。

*游客丁：*参加过。我是小时候和家人一起来过，记得当时在庙会上有很多表演，像是唱戏、舞龙舞狮等。以前寺庙也没有像现在这么大，但氛围很好，特别热闹。我家搬走后就很少过来了。对于潮音寺民间庙会我身边同学知道的应该不多，深层的东西我也不太了解。

*游客戊：*参加过。举办原因不太清楚，只是知道这里有会，特别热闹，就来看看，

到了这里才知道是庆贺观音娘娘诞辰。庙会的消息我是从网络上了解到的，后来因为好奇来凑热闹，觉得很有趣。之后的每年庙会有时间就会带着家人来看看。

四、潮音寺民间庙会表演项目汉沽飞镲传承人崔宝宾[1]

1. 请您介绍一下汉沽飞镲的历史渊源。

崔宝宾：我是汉沽飞镲第四代代表性传承人崔宝宾。镲最早是祭祀活动用的道具，天津市汉沽地区供奉的是"碧霞元君"，人们都会在年节敬香祈福。特别是在过年时，在敬香途中和庙宇中都有飞镲的表演。早年间汉沽地区大部分人以捕鱼为生，人们在海上航行时，如果遇到大雾，就会通过打镲的方式来相互确认附近的渔船，慢慢地，人们甚至通过打击节奏来识别对方身份，听镲声儿，就知道是老张家还是老周家。有时也会用此来表演以庆祝捕鱼大收获，后来人们又对节奏进行编排，渐渐形成系统。

在汉沽地区，春节、正月十五和十六日就出会（进行花会表演）。特别在没有电视、手机、健身器材的年代，周围居民特别喜欢闲时打镲，由于它受场地要求较少，所以很容易展开。没事的时候，几人撺掇着玩玩，十分热闹，渐渐成为人们的习惯。但"文革"时期，就不准演了。改革开放以后，这项技艺又慢慢恢复起来。

2. 请您介绍一下汉沽飞镲参与潮音寺民间庙会的基本情况。

崔宝宾：飞镲在当地有悠久的历史，十分受大众欢迎。所以每年农历二月十九日的潮音寺庙会表演，我们几乎年年都去。除此以外，一般汉沽的大型活动和一些公益性质的演出，我们也都会参加。

3. 现在汉沽飞镲的传承方式如何？

崔宝宾：现在来看，一般都是师传的较多，大概占60%，家传的比较少。在这项非物质文化传承过程中，大多数传承人都不是以所传承的项目为生，因为仅仅靠表演收入，还是很难养家的。大部分人是兴趣所致，作为业余爱好进行学习。有演出活动的时候，再腾出时间，赶往各地进行表演。

4. 您认为现在出会情况如何？

崔宝宾：目前我所在的滨海新区飞镲运动协会，登记的大概有五六十人。一般汉沽的大型活动，我们团队几乎都会参加，这些活动大多是公益性质的。根据活动内容

---

[1] 此部分图片均由传承人崔宝宾提供。

和规模，出会有二十多人的，也有六十多人的，最多的有一百五十多人。汉沽还有另外的七八支团队，但大多是"散兵游勇"，专业团队不多，有些团将传统的飞镲表演简化了。

5.现在飞镲训练是否有专门的场地？

崔宝宾：目前训练在汉沽体育馆空地（全民运动活动中心），场地是无偿提供的。在汉沽体育馆举办的健身气功开幕式上，我们表演了一百人的飞镲，其中还有二十多个中小学生，不仅给人们带来了精彩的表演，也展现了我们良好的精神面貌（图3-63）。

6.您认为现在飞镲进校园的效果如何？

崔宝宾：现在传承上还算可以，我们不挑不拣，只要孩子想学，我们都会好好教，不过练习飞镲对于身体素质要求还是很高的。关于这项非遗进校园我们已经实践了有十多年了，学校包括河西一小、河西三中、桃园小学等五六所，平均每个星期有一节课，进校园教授学生飞镲技艺。近几年我们还去了消防队、武警部队等，截至目前已经教授了80多人（图3-64）。

图3-63 在健身气功开幕式现场表演

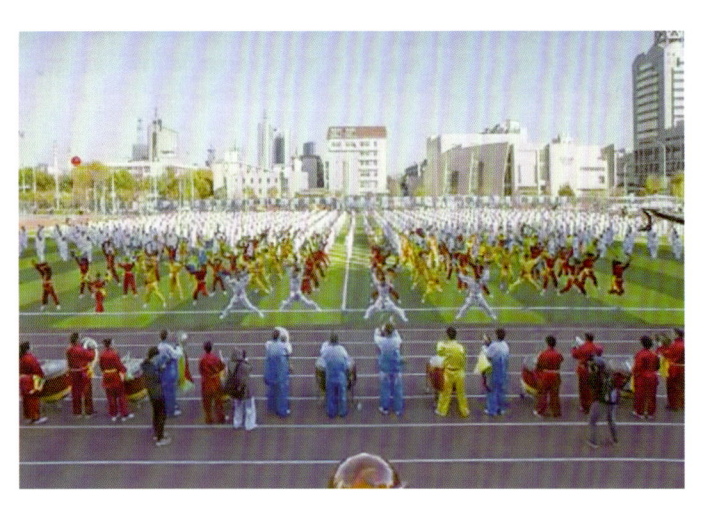

图3-64 汉沽飞镲校园演出

7. 目前学习飞镲的学员的情况如何?

崔宝宾：学习飞镲技艺的老中青三代都有，出会的主要是中老年人。传承人这方面还不错，女性表演者也很多，占60%，年轻人也有，但比较少。现在我闺女那一辈，大多在上学快高考了，有些即使考完了，也没有多少来学的，可能是很多家长怕耽误课程。我目前教4个徒弟，基本上40多岁，他们本身都有工作，有银行的、有医院的，目前也都在上班。他们来学习的原因一是热爱，二是本身练这个可以强身健体。目前每天晚上7点多来训练，尽管天气又热又闷，但他们想学，我就尽心尽力好好教，他们学习也很用心，一招一式做出来，特别有精神头，令人欣慰。

8. 目前飞镲的运营情况如何?

崔宝宾：现在飞镲协会，由滨海新区教育体育局和民政局共同管理。汉沽飞镲之前上过中央电视台和天津电视台，活动比较频繁。无论是天津市内还是滨海新区，不管是文艺口，还是体育口，一般有大型活动都有汉沽飞镲展演（图3-65、图3-66）。运营上每年大多为公益表演和教学。飞镲在汉沽已成为特色地域文化，但现在跨区域教学传承还是有难度。之前教学的时候，都是我自己开车拉着团队过去。今后要想加大这一技艺的传承力度，还需要各方面的大力支持才行。

图3-65　新春表演（一）　　　　　　　　图3-66　新春表演（二）

9. 您在表演生涯中除了参加潮音寺民间庙会还有什么印象深刻的事?

崔宝宾：2010年，我们团队参加了上海世博会的演出。天津的表演队伍中还有杨柳青的大头娃娃、天津市模特队等。38个人的飞镲队伍，在汉沽体育馆集训了一个礼拜。然后我亲自带队，坐了30多小时车抵达上海。当时我们每天早上9点乘车去上海世博会，11点开始巡街，大概3公里，12点30分的饭点几乎是赶不上的，下午2点和4点进行两场表演，所以一天只能吃早晚两顿饭。不仅如此，当时天气还比较热，加上表演时间长，队员们脚底都走出泡了。这次表演虽然辛苦，但队员们没有一个叫苦的，齐心协力，出色地展现了汉沽飞镲的雄浑，汉沽飞镲也因此一炮打响。

10. 在传承发展过程中，您认为最大的困难是什么？

崔宝宾：现在最大的问题是资金问题。虽然建立了协会，但公益演出和教学也较多，这些几乎都没报酬。现在接商演，报酬也是微乎其微的，大约每个人100元。另外，协会没有可用的车，我现在也是在用自己的车，参加活动都要自己开车把铙和鼓拉上，当然团队里谁方便也会帮忙拉。尽管如此，大家都毫无怨言。再有现在基本办公用品都需要花钱，虽然零零碎碎价值不高，但积年累月的也不少。所以现有的资金除去车费、日常支出几乎入不敷出。

五、潮音寺民间庙会表演项目大沽龙灯传承人[1]

路祥老师，天津市大沽街道大沽龙灯第三代传承人，天津市市级非物质文化遗产传承人（图3-67）。1938年2月生，师从第一代传承人李树清老师，于1954年参加大沽童子龙灯队，到如今已经历时69年，期间风风雨雨，一直投身于大沽龙灯的研究、发展和传承。

史训有、吴洪章先生，天津市大沽街道大沽龙灯第四代传承人，天津市滨海新区区级非物质文化遗产传承人（图3-68）。史训有先生，1951年7月出生，史训有的哥哥史训明同路祥老师一样也是大沽龙灯的第三代传承人，史训有从小对龙灯耳濡目染，对龙灯表演一直有浓厚的兴趣。吴洪章先生，1972年2月生，吴洪章在龙队重组之时在路祥

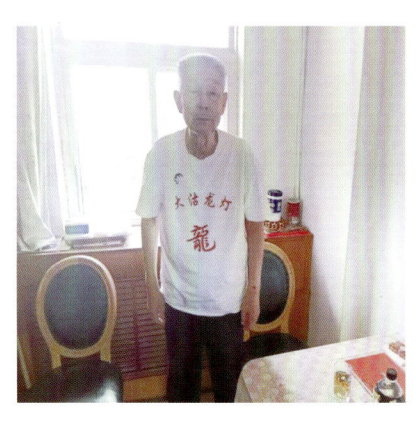

图3-67　路祥

图3-68　史训有（左二）、吴洪章（左一）与管理人员合照

[1] 此部分图片均由传承人路祥提供。

老师的带动下加入进来，后来一直参与负责龙队的工作。

1997年龙队重组之后，路祥、史训有和吴洪章带领龙队积极参加潮音寺民间庙会、天津农民运动会等大型活动，为大沽龙灯的发展做出了卓越贡献。此次非常有幸同时采访到三位传承人，以下采访内容是对三位传承人回答的汇总。

1.请简单介绍一下大沽龙灯的历史。

传承人：大沽龙灯是流行于大沽地区的传统花会，是由1880年练燕青拳的孙通师傅组织成立的"新河燕青舞龙舞狮队"结合龙灯制作技艺而形成的津沽独特制龙舞龙融为一体的一道花会。20世纪20年代末期，第一代传承人李树清老师受舞狮表演的影响自编龙灯并在潮音寺民间庙会上演出，获得了参会人员的纷纷喝彩。1953年，大沽舞龙队由于在"天津大舞台文体展演"的表演极具特色，被媒体盛誉为"海河梢下一条龙"。后来由于历史原因，龙灯的表演搁置了30多年。20世纪90年代初，随着潮音寺的重修与扩建，潮音寺庙会重新热闹起来，大沽的老百姓们对龙灯复出的呼声越来越高。1995年，当时还未正式退休的塘沽盐场工人路祥受大伙邀请决定让龙灯重新出现在大众的视野。由于龙灯表演搁置30年之久，从按照传统工艺重新扎制龙灯到排练鼓点与表演，再到正式参加大型活动，这次复出足足准备了有一年多之久。1997年，龙队重组成功并于2006年入选为天津市第一批市级非物质文化遗产代表项目。

2.请介绍一下大沽龙灯参与潮音寺民间庙会的基本情况。

传承人：大沽龙灯的表演有近百年历史，它与潮音寺庙会之间可谓渊源颇深。大沽龙灯的第一代传承人李树清老师便是在潮音寺附近居住的摆渡师傅。龙队在搁置30多年后的重组也是受到潮音寺扩建、庙会重新热闹起来的影响。1997年，龙队重组成功之后亮相的第一场盛大演出就是1997年农历二月十九日的潮音寺庙会。当时路祥老师带领大家准备许久，当日演出时，潮音寺锣鼓喧天，热闹非凡，这也让龙队的众人倍感兴奋，大家受到现场氛围感染把平常训练的成果完美展现了出来，观众们也是赞不绝口，掌声雷动，那条旧日盘旋在津沽地区的"游龙"又回来了，从此以后每一年的潮音寺庙会上都能得到大沽龙灯队的表演。

3.请谈一下潮音寺民间庙会在您心中的地位。

传承人：因为我们大沽龙灯和潮音寺民间庙会之间的历史渊源，潮音寺民间庙会在我们心中更代表着一种联系。过去的龙队每年都会参与潮音寺庙会，我们现在也会参加，这在我们心中是一种与过去龙队前辈们建立联系的方式；同时，在潮音寺民间庙会上还能见到其他非遗项目的老朋友们，大家约定好了似的每年农历二月十九日都在这里进行演出。所以，潮音寺民间庙会也是我们与老朋友们保持联系畅叙友情的方式。因此，这些年我们一直都参加潮音寺民间庙会。

4.你们认为大沽龙灯有什么区别于其他舞龙表演的特色？

传承人：传统的舞龙项目特点是"静"，主要展现龙体的模型，主要动作是摇摆；而我们的表演特点是"动"，表演形式是跑动，并且注重速度。所以，在演出效果上对视觉的冲击力更大，仿佛一条真龙般活灵活现。因此，演出对于队员体力的要求也比较高，上台表演都要两套班子轮换，这也是我们队内一直没有女队员的主要原因。

5.请谈一下大沽龙灯的传承现状。

传承人：现在大沽龙灯已经到了第五代，他们也是现在龙队成员的主力军。其实我们和大多非物质文化遗产项目一样也遇到了成员年龄偏大、传承难以为继的状况。目前是在非遗保护部门及项目保护单位大沽街道的协调安排下解决传承问题，在天津市消防救援总队保税支队临港中队、滨海新区塘沽第二中学、滨海新区盐场中学和滨海职业学院都有我们的龙队队伍，这也是我们的第五代传承人群。我们在那里担任校外辅导员，每周辅导两次，并为队伍扎制新龙。

6.在传承过程中有没有发生过什么很困扰的事情？

传承人：除了前面说到的传承人问题，主要困扰我们的一个事情就是"灯"的问题。从前我们之所以被称为"大沽龙灯"，是因为我们在龙体内放置蜡烛，所以舞动起来龙身发光，尤其在夜晚效果更是明显。龙队重组之后，出于安全的角度考虑就没有再放置蜡烛了，后来随着演出越来越多，观众也越来越多，我们就收到了很多的质疑声，"你们不是龙灯吗，灯在哪里啊？"这样的质疑困扰了我们很久，后来在大沽街道负责人的建议和帮助之下，为我们的龙球和龙身都安装了LED灯管，这也让困扰我们的问题得到了解决，也算是我们与时俱进，借助科技的力量延续发展。

7.你们对大沽龙灯的传承和发展有何展望和规划？

传承人：大沽龙灯是中国乃至世界非物质文化遗产的瑰宝，我们一定会不遗余力地传承和发展下去。目前，国家非常重视非物质文化遗产的保护，各级相关单位也是给予了我们非常大的帮助，大沽龙灯的保护和传承已经得到了比较充分的保障。但是要谈到未来的展望，还是希望能够推动文化产业市场化的进程。因为就我们而言，担任消防队和学校的辅导员都是无偿的，而带队出去演出，所有演出者也是没有演出费用的，我们这些老传承人凭借着心中的热爱和坚持一直推动着大沽龙灯的发展，但是未来可持续发展之路还是要靠产业市场化的发展。未来希望我们大沽龙灯更上一层楼，希望能够在我们有生之年看到大沽龙灯列入国家级非物质文化遗产代表性项目名录。

参考文献

［1］天津市滨海新区文化和旅游局.非物质文化遗产简介［Z/OL］.［2023-10-12］.天津市滨海新区人民政府门户网.

［2］潮音寺（天津滨海新区潮音寺）［Z/OL］.［2023-10-12］.百度百科.

［3］金勇伟.天津市第二批非物质文化遗产名录图典［M］.天津：天津杨柳青画社，2011.

［4］2017年潮音寺"农历二月十九"观音庙会圆满结束［Z/OL］.天津市滨海新区人民政府门户网.

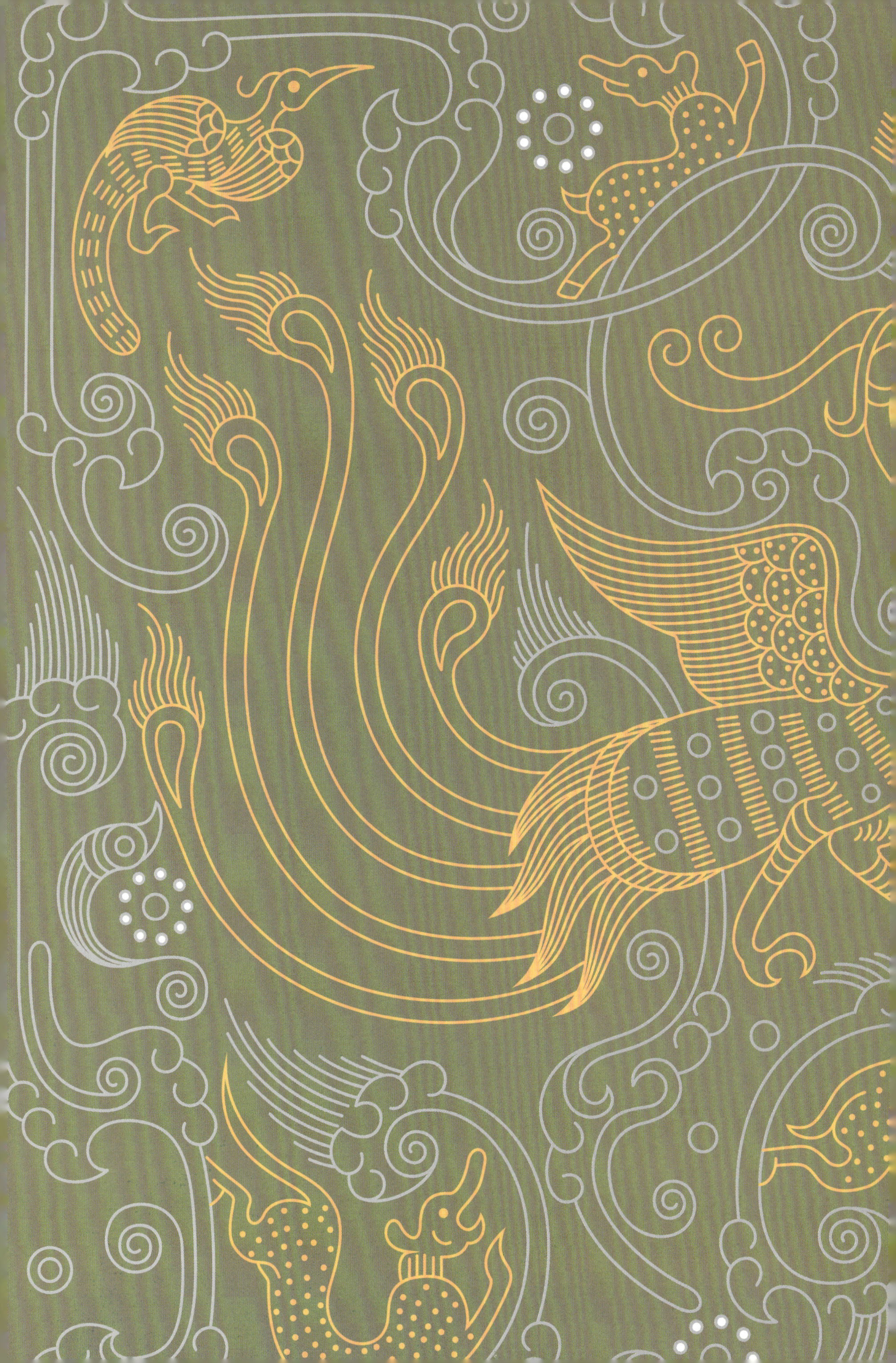

第四章

大杨宝辇出会

大杨宝辇出会风俗起源于天津市东丽区无暇街大杨村,该项目传自清顺治十三年（1656年），距今已有三百多年的历史。大杨宝辇出会是海河地区独特的民间艺术之一。在宝辇出会时，还有各种民间花会的参与，如法鼓、高跷、秧歌等，使该民俗拥有丰富的文化形式和表现力。2009年大杨宝辇（含法鼓）被授予区级非物质文化遗产称号，2013年大杨宝辇出会被列入天津市非物质文化遗产名录扩展项目名录（表4-1、图4-1、图4-2）。

表4-1　大杨宝辇出会项目简介

名录名称	名录级别	申报单位或地区
大杨宝辇出会	市级	东丽区

图4-1　大杨宝辇（含法鼓）区级非物质文化遗产证书

图4-2　大杨宝辇出会天津市非物质文化遗产证书

第一节 起源与演进

一、风俗的起源

明朝初,明成祖朱棣为夺江山,率大军南下,这就是历史上有名的"燕王扫北"。燕王军队所到之处,战火纷飞,百姓流离失所,被迫逃离自己的家园,这些逃难的百姓中,就有大杨村的先祖杨氏兄弟。杨氏兄弟二人为逃避战乱,一路跋山涉水,途经海河东北岸的一块荒地,看到此地人烟稀少,远离战火,又邻近海河,水运便利,决定在此地安家落户。因为杨氏兄弟是来此地的第一户,所以将村子命名为"大杨村"。

大杨村,位于东丽区无瑕街街道办事处南4.3公里,海河东北岸。东至苏庄子村界,西与西窑村为邻。2007年12月启动拆迁工作,现村民统一搬迁到无瑕花园春霞里小区居住。

大杨村中保存着一台天津市最大的宝辇,宝辇中供奉着"泰山圣母"。"泰山圣母"原名"碧霞元君"。相传"泰山圣母"得道后,统率泰山岳府天将神兵,照察人间一切善恶生死之事。明朝万历二十一年(1593年),王锡爵在《东岳碧霞宫碑》中记载:"元君能为众生造福如其愿,贫者愿富,疾者愿安,耕者愿岁,贾者愿息,祈生者愿年,未子者愿嗣,子为亲愿,弟为兄厚,亲戚交厚,靡不相交愿而神亦,靡诚弗应。"每年正月十四至正月十六这三天,众人会高抬宝辇上街巡游,向"泰山圣母"行祭祀祈福之礼。

"泰山圣母"本是山东泰山的"女神",为何出现在数百里之外的大杨村?这其中有一个传说故事。

传说在某年夏秋之际,天津连降大暴雨,海河水位连日上涨。几日后,海河边上的防洪堤已然承受不住暴涨的河水,轰然决口,瞬间淹没河堤,河水汹涌地向沿岸村庄袭来。村民们连家中细软都来不及收拾,带着一家老小往地势高的地方逃去。不到半日,洪水将村民的房子全部冲毁,整个大杨村成为一片汪洋,逃得慢的村民直接被洪水冲走。幸存的村民聚集在船上、高台上,由于洪水冲毁了房屋,冲走了粮食,只能靠着逃跑时临时从家里抓的干粮维持生计,但不到几日,这些干粮就消耗殆尽。

与此同时,海河的水位还在不断暴涨,村民们所在的高台也随时有被洪水淹没的危险,人们忧心忡忡,一筹莫展。更让人胆战心惊的是不断有大量浮尸出现在水面上,由于长时间浸泡已经腐烂发臭。面对此情此景，很多人渐渐绝望，觉得自己肯定逃不过劫难。就在村民们准备听天由命、坐以待毙的时候，有村民突然发现不远处的海河中漂浮着一个红红绿绿的东西，远远看去就像一个人。村民以为又是上游冲下来的浮尸，便没多留心。不承想，这个红红绿绿的东西竟然在水面上沉沉浮浮了十几次也没被冲走。村民们这下起了疑心，大家都伸长了脖子想看看那到底是什么东西，但因距离太远，都看不清。众人打算撑船过去看看，如果是个活人，还能救人一命，于是几个村民将船撑到河中央欲看个究竟。谁知这一看可吓了一跳，原来河面上漂着的并不是人，也不是浮尸，而是一尊泥塑菩萨，这菩萨的底座为木头雕刻，菩萨的身体是泥胎。村民们急忙将其拉到船上，运回岸边。

就在众人纷纷猜测这尊菩萨的来历时，有几个村民在泥菩萨塑像的背后发现了一行小字——"泰山圣母"，于是大家便尊称这尊菩萨为"泰山圣母"。村民们用布将塑像上的水擦拭干净，又找了块红布当作披风系在塑像身上，并用茅草搭了一个简易的棚子，为其遮风挡雨。

据传说连日不停的大雨在村民们遇到"泰山圣母"塑像的第二日，竟然渐渐停了，海河的水位也开始下降，本来马上要被淹没的避难之处，也随着洪水退去而安全了，绝望中的村民又见到了希望的曙光。从此，劫后余生的村民们将"泰山圣母"视作自己的守护神。

二、风俗的演进

大杨宝辇出会在三百多年的传承和发展的过程中也并非一帆风顺。宝辇本身经历了多次的损毁、修葺，该项民俗自身也由于一些历史原因，停滞许久，但复出后的大杨宝辇出会又重放异彩，也体现其巨大的生命力和文化魅力。

（一）乾隆御改宝辇

大杨村里流传着这样一个故事，乾隆皇帝昔日下江南时，屹立船头，眺望海河沿岸风光，感慨大清盛世天下太平。忽然看见岸上有一群穿着明朝服饰的人不知在做什么，乾隆皇帝心头一紧，以为是什么反清复明的组织要行刺，急忙传令随驾军士护卫圣驾。

其实，那伙身着明朝服饰的人不过是正在举办宝辇盛会的村民，那时的宝辇盛会还都是延续传统，按明朝旧制操办，正巧被乾隆瞧见，惊了圣驾。乾隆皇帝御船靠岸后，军士们将参与宝辇盛会的村民悉数带到皇帝跟前听候发落。

乾隆招来当地官员询问，官员战战兢兢地禀告，这些村民是在举办宝辇盛会。乾隆一听"宝辇盛会",顿时来了兴趣,口谕众村民表演一番。村民深知只有让乾隆皇帝龙心大悦,冲撞圣驾的大罪才可免去,于是拼命地表演,乾隆看得龙颜大悦,接连说了数个好,为宝辇盛会御赐了十数件黄马褂,又增添了红色、黑色马褂,并赏赐顶戴花翎。

(二)往事暗沉不可追

1939年抗日战争时期,日军挖开了海河流域沿岸182处河堤,用决堤放水来打击我民族抗日武装力量。同年8月,华北地区暴雨普降,海河流域多处河道水势暴涨。20日陈塘庄大埝决堤,海河以南洪水泛滥。次日,洪水进入天津市区,随后,天津市区多地被洪水侵袭。这次洪水导致天津市被浸泡一个多月,整个天津的交通和工商业陷入瘫痪状态。各阶层人士和百姓们争先恐后地驾船避难,大街小巷到处都是来往船只(图4-3、图4-4)。大杨村也遭遇洪水,损失惨重,宝辇被洪水淹没损坏,1941年才得以重修。

图4-3 1939年天津洪水(一)
图片来源:1939年天津大水灾实录影像,80%地区被淹城市划舟出行,搜狐网

图4-4 1939年天津洪水(二)
图片来源:同图4-3

后来,大杨宝辇以"四旧"之名被毁坏;1988年区政府、村委会和村民集资重修宝辇并沿用至今。

(三)来日之路光明灿烂

2008年,大杨村建起一座使用面积300多平方米的民俗馆,用于保护宝辇。大杨村于2009年获得了"天津市民间文化特色村"的称号(图4-5、图4-6)。

2019年,无瑕街道表演的非遗项目——大杨宝辇出会参加所在区组织的元宵花会,给人们带来精彩的演出,获得民众喜爱。

此后,大杨宝辇以出会形式每年参加街、村庆春节活动和区组织的元宵花会表演,

图4-5　民俗馆　　　　　　　　　　　图4-6　天津市民间文化特色村

还多次参加天津艺术节、第二届中国·天津妈祖旅游节、金街旅游节、第二届北洋文化节开幕式等活动，深受民众的盛赞和欢迎。

第二节　内容与程式

一、大杨宝辇出会盛况

每到正月十四至正月十六这三天，村民们都会举办"宝辇盛会"来祈求"泰山圣母"保佑全村平安，这项活动俗称为"跑辇"。"跑辇"人数最多时达到80多人。每到"跑辇"之时，"跑辇"队伍依次排开，浩浩荡荡，打头阵的是武法鼓，之后是12人左右的高跷队，最后是宝辇，抬辇的辇夫有8人，均着清朝服饰，穿红色长袍或黄色长袍系黑色腰带，腿上穿着红裤，周围有10人举着仪仗、华盖、宝灯、凳子等围绕着宝辇。每年"跑辇"活动还没开始前，街边就被前来观看"跑辇"的村民们围得里三层外三层（图4-7～图4-12）。

图4-7　大杨宝辇出会（一）　　　　图4-8　大杨宝辇出会（二）

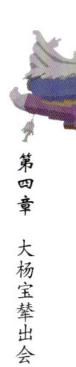

图4-9 大杨宝辇出会（三）　　　　　图4-10 华盖

图4-11 仪仗　　　　　　　　　　　图4-12 大杨宝辇出会（高跷表演）

图片来源：非遗东丽·云游非遗（五）——大杨宝辇出会，天津市东丽区文化馆

图片来源：同图4-11

历代宝辇盛会会头为傅德武、王顺亭、吴少山、梁国明、闫茂德、吴国璋、傅义田、吴富源、张加勇、邓洪平等人。

二、宝辇踩街路线

以2018年为例，当年3月3日（农历正月十六），无瑕街道开展宝辇接驾、高跷、舞龙舞狮表演，现场群众达4000余人。当天上午8点至12点，在大宋庙门前举行大宋庙会。当天18点30分至21点30分，无瑕街道苏庄、大杨等多支花会队伍自发组织民间花会踩街活动，具体路线为：大杨宝辇由大杨茶棚出发，由西环路往北行至兴盛路，由兴盛路行至三号路交口，沿三号路行至南环路回大杨茶棚。苏庄宝辇自苏庄茶棚出发，由南环路往东行至银河大道，由银河大道行至兴盛路与三号路交口，沿三号路行至南环路回苏庄茶棚（图4-13）。

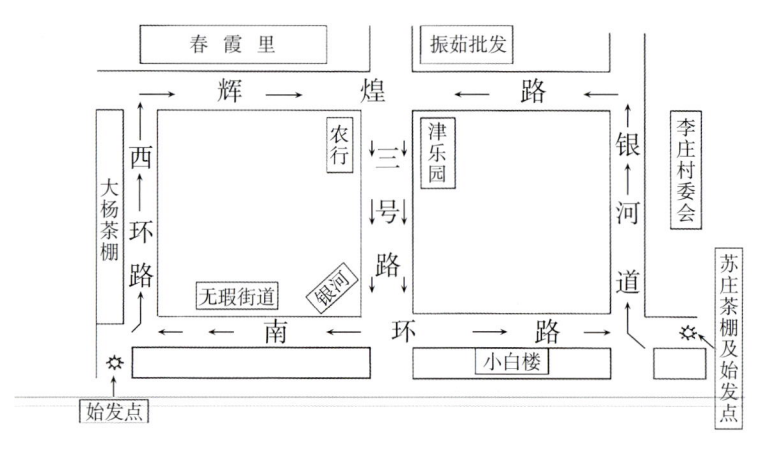

图4-13 踩街路线

第三节　风俗趣事

大杨宝辇出会传承多年，发展过程中经历兴衰起伏，浓缩了一代又一代人的辛酸苦楚和肆意挥洒。所经历的故事同样构成了这项民俗的烙印，随着它的传承而延续。每当提到大杨宝辇出会，那些背后的故事也常常为人们津津乐道。

一、"请神"引发的绑架案

在1935年前，大杨村内本没有"泰山圣母"像供村民祭拜，村民需要乘船，前往海河对岸的葛沽镇北茶棚去朝拜"泰山圣母"，祈求来年风调雨顺，丰收大吉。

1934年，村民王顺亭、傅德武、吴少山、梁国明四人商议后，一致认为海河湍急，村民长期乘舟赴葛沽镇安全难以保证，再者路途周折，不如村中集资将"泰山圣母"请到大杨村来供奉。于是四人分头动员村民筹款筹物来"请神"，有钱者出钱，无钱者以物代钱。1935年年底，终于筹集到了一大笔足以将宝辇与"泰山圣母"一并"请回"的巨款，存放于吴少山家中。

有道是财不外露，大杨村的集资行动声势浩大，不少人动起了歪脑筋。某日，吴少山走在乡间小路上，忽然有两人迎面走来，对他拱手问道："尊下可是大杨村吴少山？"吴少山刚一点头，其中一人便高呼："就是他！动手！"吴少山来不及做出反应，眼前一黑就晕了过去。

恢复意识后的吴少山只觉得头痛欲裂，想要揉揉头，却发现四肢都被结结实实地绑住了，原来自己被绑在一根大柱子上，好像是在一个废弃的庙里，周围坐着三五个人，发现其中一人身边有一大木棒，想必是此物将自己击晕，这几人八成是劫匪，为财而来。

果不其然，正是如此。吴少山也唯恐有人偷窃，便将村人"请神"的钱财偷偷藏在一个隐蔽地点。这伙绑匪从辛庄子找了个中间人去吴家要钱不成，便又逼问起吴少山。

吴少山素来忠义，面对绑匪的逼问，破口大骂。绑匪受到羞辱，几人上前对吴少山一顿毒打，继续质问那笔巨款藏于何处，吴少山死咬牙关，始终不吭声。接连被毒打两天，绑匪渐渐放松警惕，吴少山趁机蹭开了身上捆绑的绳子，乘人不备，一拳将负责看守的绑匪撂倒，向庙门外冲去。

几名绑匪哪儿按得住人高马大的吴少山，眼看着他就要冲出庙门，守候在庙门外的两名绑匪将他拽倒在地，数名绑匪趁势压上，用一条大麻袋将吴少山套住。气急败坏的绑匪用开水浇烫吴少山，指望着他受不住酷刑将藏钱地点吐露出来，谁知道他不但不说自己藏钱的地点，还对前来传话的辛庄子中间人高喝："让俺家里别拿钱啊！谁都不许给钱！"中间人来到大杨村，将吴少山受尽酷刑也不吐露藏钱地点的事情一说，村里人都称赞吴少山是条硬汉，令人敬佩，但又不忍他继续受难，都劝吴家将藏的钱财交给绑匪了事。

吴家老太太听闻自己儿子在绑匪那里受尽折磨，急忙让家人将分散各地的百余亩良田卖作钱财，托中间人送与绑匪。绑匪便将伤痕累累的吴少山扔到了大杨村边。吴少山保住了全村用来请神的财物，老吴家却因为赎他而倾家荡产。

1935年，村里让吴少山、梁国明、王顺亭、傅德武四人为会头，从隐蔽处取出全村集资得来的财物，渡河来到葛沽镇北茶棚，浑身伤痕的吴少山和其他人一起用宝辇抬着"泰山圣母"回到大杨村。

二、当棉袄出会

1939年天津闹大水，庄稼颗粒未收。第二年春节刚过，正月十五闹元宵的日子就要到了，大杨村的"五音武法鼓"正月十四至正月十六这三天是接驾的日子，必参加大宋庄庙会，这是一道庙会上深受观众欢迎的花会。

俗话说"好过的年，难过的春"。正愁着如何度过灾年的村民们，哪里还有心思出"法鼓会"。可有的乡亲们却说，元宵节咱们不能死气沉沉的，一定要让乡亲们高高兴兴地过元宵节，庙会不能不去，别让人家看不起咱。

这可难坏了法鼓会的会头们，一连三天都没想出办法。有的说，今年就算了吧，有什么事明年再说；有的说，那怎么行，咱大杨村"五音武法鼓"，代代相传至今，每年三天接驾从未间断过，难道传承了一百多年的圣会，到咱这就传不下去了；有的说，大水刚过，乡亲们吃了这顿没那顿，哪弄钱去买蜡烛上灯火。

这事惊动了老会头王三爷（王顺亭）、傅德武、梁国明、吴二爷（吴少山），老哥四个坐在炕上，商量今年的法鼓会出还是不出。人员道具都没问题，就是没钱买蜡烛。四个老会头，一个晚上都没想出好办法。

有的瞅天，有的看地，有的吧嗒吧嗒地猛吸烟，有的不停喘粗气。猛然"啪"的一声拍大腿的声音，就听王三爷说："有办法了。""什么办法？"大家忙问。"你们别管了，会保证能出，大家回去睡觉吧。"这时，吴二爷明白了王三爷的意思。

第二天吃过早饭，王三爷和吴二爷都穿着平时下地干活的破小棉袄，每人手臂上夹着一个布包。说笑着，跑去了葛沽老当铺。原来他们把逢年过节、走亲访友穿的大棉袄当了，换回来20包蜡烛。

正月十四的晚上，法鼓架子上的灯里燃起了蜡烛的亮光。此时法鼓咚咚，铙钹飞舞，王三爷和吴二爷都穿着补丁摞补丁的小棉袄，站在看敲法鼓的乡亲们中间，他们的脸上绽放着喜悦的笑容。

三、错砸法鼓队

直到现在，大杨村与周围各村中还流传着关于大杨村法鼓队的一句顺口溜——"大杨法鼓敲得好，吹灯拔蜡庙后头跑"。大杨村的法鼓既然敲得这么好，为何还要"跑"？这要从很久以前的一段故事说起。

中华人民共和国成立前，大杨村与苏庄村是邻村，苏庄村是当时比较富裕的村落，所以每年周围各村的法鼓队都会集中到苏庄村进行演出。有一年，大杨村的法鼓队按照惯例前往苏庄村挂号、换帖、排队，等待演出。轮到大杨村法鼓队上场之时，队员们分别拿着鼓、铙、钹、镲、铛五种乐器摆好阵势，开场乐以鼓声为首，"咚、咚、咚、咚咚咚咚……"鼓声由慢转快，随着鼓点越来越密集，持钹队员将手中的钹向上一扬，开始击打起来。钹声如同一个信号，当钹声一响，周围持铙、镲、铛的队员们便一齐开始敲击乐器，伴着鼓点节奏演奏，乐声激动昂扬，震撼人心，整个场面气势磅礴，一时间，五种乐器发出的乐音响彻整个苏庄村。

此时观看大杨村武法鼓演奏的观众全都屏住呼吸，目不转睛地盯着表演，生怕错过精彩的动作，连平时一向喜爱打闹的小孩子也乖乖骑在大人肩上，瞪大眼睛看着队员们的表演。演奏进行了一段时间，只见拿铙的队员身体突然快速旋转，手里猛烈敲击着双铙，金光闪闪的铙在队员周身上下翻动，宛若一条金龙在场地上腾飞。而另一边，拿钹的队员们将钹向空中一扬，钹上长穗凌空飞舞，令人眼花缭乱。表演过程中，队员们还穿插"海底捞月""举火烧天""丹凤朝阳"等各种高难度动作，整个表演过程行云流水，没有一刻停歇，观众们目不暇接地看着队员们表演的各种动作，现场叫好声此起彼伏，掌声不断。

大杨村法鼓队的一场表演通常都在十几分钟，但由于观众们的不断要求，这场表演延长到二十多分钟，直到队员们谢幕，观众们还不愿离去。此时，表演完的队员们全都大汗淋漓，在后台休息。队员们刚坐下没多久，连水都来不及喝，突然有几名苏庄村的村民冲进后台朝着队员们喊道："大哥，你们快跑，有人要砸你们的法鼓！"还没等队员们反应过来，这几个村民扯着队员们就往外走，慌乱之间队员们还不知道怎么回事，只听得有人要砸自己的法鼓，于是匆忙将法鼓上的蜡烛、灯笼熄灭，拿着道具就跟着这几名村民往外跑。

这几个村民带着队员们跑了将近半小时，直到大杨村的地界才停下来，并告诉队员们事情的起因经过。原来当大杨村法鼓队表演的时候，有几个地痞，看到大杨村法鼓队的表演竟然吸引了那么多人围观叫好，又看村里大户赏了许多钱财，心里十分嫉妒，于是商量个法子想要"整整"法鼓队，给法鼓队一些颜色瞧瞧。这几个地痞到当时苏庄村国民党守军的驻扎地，对国民党兵说，听村里算命的人说，大杨村法鼓队表演的时候，天上有股不祥之气，恐怕这大杨村的法鼓会冲了你们的风水。国民党兵一听，想到自己军队连日来老是打败仗，可能是因为有什么东西冲撞了军队的风水，气不打一处来，马上召集士兵，准备砸大杨村的法鼓。这一切恰巧被在附近干活的几个村民听到，于是这几个村民急忙抄小路到大庙后台给法鼓队通风报信，让法鼓队赶紧逃走。

第四节　经典场景

一、表演道具

大杨宝辇是全市宝辇中体积最大、造型最美、灯具最多、雕工最精、重量最重的宝辇之一。其外形精美、制作考究，本身就极具艺术价值。大杨宝辇出会期间，还有其他民间花会参加，如高跷、法鼓、秧歌、镲、唢呐等。但随着时间的推移，现仅剩高跷和法鼓。其中大杨村武法鼓，是大杨宝辇出会时的一道独特风景。

（一）大杨宝辇

大杨宝辇高4.3米，穹隆顶，八角形木制雕花翘檐。八只龙头伸出檐外，翘檐和龙头贴金，龙头挂八盏坠角灯笼。顶灯为八角形，穹隆顶装20盏灯笼（图4-14、图4-15）。

图4-14　坠角灯笼（一）　　　　　图4-15　坠角灯笼（二）

辇身为八角形，高2.2米，上部周边垂檐透雕两层，第一层雕12条"金龙戏珠"，第二层雕10朵凤凰牡丹。辇身围黄呢布绣花围子，挂有20盏挑灯。

辇座为四角形须弥座，宽2.18米，长1.88米，高1.12米，四面围栏，围栏顶端雕小狮子12只，周围挑灯12盏。须弥座第一层雕云纹，第二层雕行云流水纹，四角雕龙首纹，四尺龙爪踏绣球，座围浮雕石榴花卉纹，全部贴金。

（二）大杨村武法鼓

除了"跑辇"外，大杨村还有另一项传承了一百多年的民俗——武法鼓。大杨村的武法鼓与天津其他地区的武法鼓有一个很大的区别，就是武术动作多（图4-16、图4-17）。大杨村的武法鼓为何能有这么多的武术动作，要从一个神秘的武和尚说起。

图4-16 大杨武法鼓（一）

图片来源：非遗东丽·云游非遗（五）——大杨宝辇出会.天津市东丽区文化馆

图4-17 大杨武法鼓（二）

图片来源：同图4-16

从清朝同治年间开始，为了庆祝村里的丰收，村民们在收成之日都会拿着鼓、铙、钹、镲、铛五种乐器在地里吹吹打打一番，表达自己的喜悦之情。有一年收成之日，村民们照例在地里演奏时，一名身材高大、面阔耳大、头上烫着九个戒疤的武和尚向村民们走来。这武和尚一手拿着禅杖，另一手拿着化缘钵，看见村民们便停住脚步，向村民化缘。

村民们一看是个慈眉善目的和尚，而今年正好又是个丰收年，于是家境富裕些的村民回家去给武和尚拿了些米。短短半晌，武和尚便收了几袋粮食，村民的热情让他极其感动，不知该如何报答。给完武和尚粮食后，村民们又拿起放在地上的鼓、铙、钹等乐器继续开始吹吹打打。武和尚并没有马上离开，而是在田垄上看了一会儿村民们的演奏。

待村民们演奏结束后，武和尚走到地里，双手合十向村民们说道："贫僧看各位施主与佛有缘，现贫僧有一套独门的拳法，名叫'五行拳'，各位施主若学习了这套拳法，不仅可以防身，也可以将拳法与这鼓、铙、钹等乐器结合，让法鼓演奏更加丰富，不知各位施主可愿学习？"村民们一听，高兴得不得了，便将武和尚留在村里，每日跟着武和尚学习五行拳。等学会五行拳后，村民们便尝试着将拳法与法鼓演奏结合在一起，从此村里演奏的法鼓开始加入了许许多多的动作。

当法鼓演奏开始的时候，不仅有五种乐器奏出的"五音"，还有伴随着节奏上下飞舞的钹、在表演者身上翻缠的铙，表演者在演奏中还不时变化队形，场面极其热闹壮观，周围观看法鼓表演的观众无一不拍手叫好，一时间，大杨武法鼓声名远播（图4-18、图4-19）。

为了纪念武和尚，村民们将这套法鼓称为"武法鼓"。遗憾的是，经过一百多年，

5.大杨宝辇在传承过程是否有中断的情况？

邓洪平：在那段特殊时期，这项活动被搁置。1988年，虽然村子的规模不大，大家生活也十分不容易，每月工资8元、10元、20元不等，但大家很团结，非常支持着这项活动，自发地集资重新修建宝辇。现在大杨宝辇作为纯民间组织还能继续存续下去，这一路是非常不易的。

6.您认为目前大杨宝辇的传承情况如何？

邓洪平：总体来说传承情况不错。大家都是自发地学习和传承这项民俗，对这项活动是十分热爱的。一些队员在上了年纪后，即使在抬辇上会吃力，也会选择法鼓等其他的项目继续表演。队员在法鼓的学习上也非常刻苦，常常晚上自发地组织训练。现在法鼓的表演者大概三四十岁，都是表演的主力。大杨宝辇在发展和传承过程中，最突出的特点是团队精神。无论是村民、街道还是团队中的伙伴，都在支持着大杨宝辇的发展，凝聚力量，不断前行。

7.请您谈谈大杨宝辇进校园情况。

邓洪平：进校园情况不错，街道和居委会都积极组织。一方面，该项民俗具有很高的号召力，大家都能积极参加，这是非常不容易的。另一方面，孩子们非常热衷参加其中，进行相关技艺学习，家长们也十分支持。现在队伍中学生数量也很多，像是踩高跷的几乎都是学生，一般都是男孩，每天晚上都会训练。

8.您认为该民俗在发展过程中遇到的主要问题有哪些？

邓洪平：资金是最大的问题。资金主要用于修缮表演设备。虽然这项民俗申请非遗成功，但在资金上还是较为紧张。团队的开销都是自身承担的。如果出去表演，会提供吃住行的报销，但报酬还是较少。有的如参加市里的妈祖节，是没有报酬的，我们也会参加。

其次辇在装卸车及运输时十分费劲。辇常会因为表演和长途运输过程中有磨损和磕碰，所以很少去较远的地方表演。河北省有人邀请我们很多次了，无奈都拒绝了。我常常想通过现在的技术工艺，解决重量和不方便运输这个问题，但目前还是没有找到合适的方式。因为如果用其他材料制作，就不好看了，也失去宝辇本身的意味。之前也想过用玻璃材质，但在实际抬辇过程中会"发飘"，无法契合表演的节奏，便放弃了，至今仍保持着原状。

9.在演出过程中您有哪些印象深刻的事？

邓洪平：每年出会的时候，大家会一起搭窝棚，非常热闹。我们还参加了妈祖节、天津大学校庆100周年等活动。当时，天津大学也在举行非遗进校园的活动。活动当天人非常多，看完表演后，大家非常喜欢，都在拍照留念。

参考文献

［1］天津市人民政府．我市举办多场活动庆祝元宵佳节：盛世中国年 花会闹新春［Z/OL］．［2023-10-20］．中央政府门户网站．

［2］2018东丽花会宝辇观看攻略（限行+绕行）［Z/OL］．［2023-10-20］．天津本地宝网站．

［3］大杨庄村［Z/OL］．［2023-10-20］．天津市东丽区融媒体中心网站．

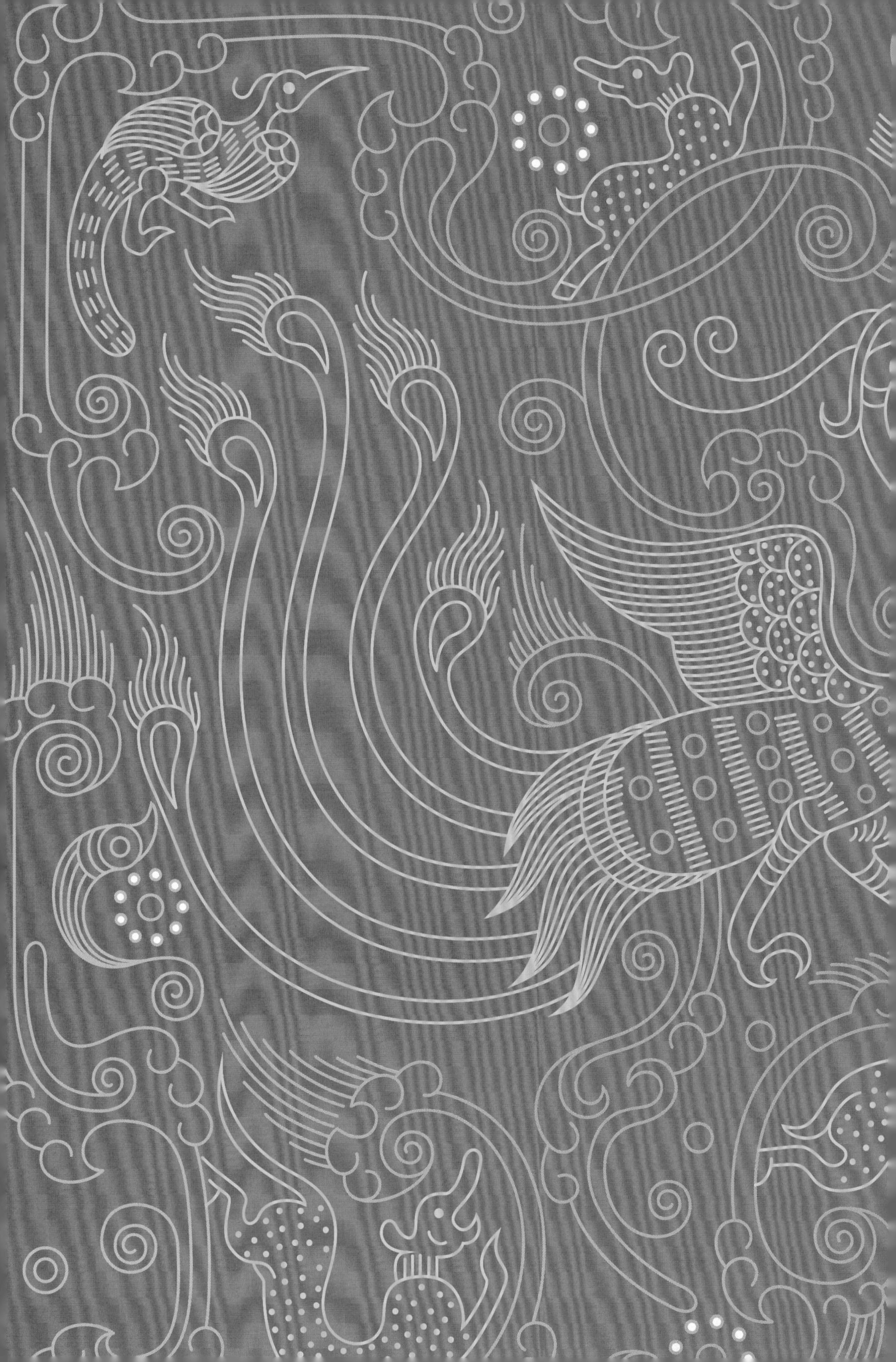

第五章

独乐寺庙会

独乐寺，也被称为大佛寺，坐落于天津市蓟州区繁华地带，是当今国内仅存的三座辽代寺院之一。独乐寺建寺历史可以追溯至唐贞观年间，约公元636年，现存的山门和观音寺于辽圣宗统合二年重建，其他建筑如阁内的壁画、观音阁、韦驮亭、报恩院、乾隆行宫和碑刻等均为明清时期所建。如今的独乐寺已被评为AAAA景区、第一批全国重点文物保护单位。独乐寺庙会历史悠久，随着历史变迁，独乐寺庙会越来越受到重视和欢迎，已成为京津冀地区独具特色的风俗。2009年，独乐寺庙会入选天津市非物质文化遗产名录（表5-1）。

表5-1 独乐寺庙会项目简介

名录名称	名录级别	申报单位或地区
独乐寺庙会	市级	蓟州区

第一节 起源与演进

一、风俗的起源

蓟县（现天津市的蓟州区）的历史最早可以追溯到旧石器时代，拥有悠久的人文历史，积淀了深厚的文化底蕴。人类在蓟州区这块土地上经历了十余万年的繁衍生息，留下了丰富的文化遗产，为学者开展人文社会科学研究提供了更多的素材和史料。明清时期作为东防女真入关、北御北元南下的重镇，蓟州区曾成为"前扼柳林，后控卢龙，襟守京畿"的兵家必争之地。重要的地理位置和地形优势，优美的自然景色，以及长期的驻兵，形成了蓟州区独有的商业和人文特色。1991年，蓟州区被评为天津市历史文化名城。2006年，被联合国评定为"千年古县"（图5-1～图5-6）。

图5-1 古蓟州院落

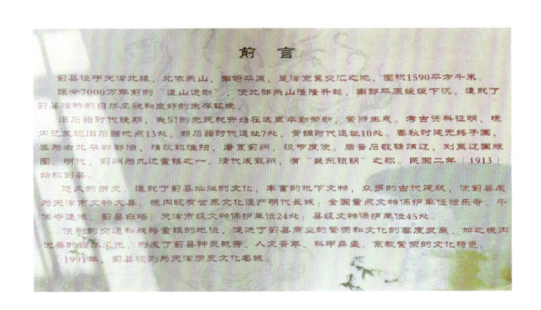

图5-2　古蓟州简介前言

图5-3　古蓟州旧史前文化

图5-4　古蓟州青铜文化

图5-5　古蓟州新石器时代文化

图5-6　古蓟州御道行宫及皇家园寝

独乐寺是1961年国务院公布的第一批全国重点文物保护单位，以古代建筑、泥塑和壁画"三绝"享誉中外（图5-7～图5-14）。

独乐寺庙会的起源至今仍然无法有详细的考证。据推测起源于辽代，但是没有文字记载，真正有历史文字记载的是明代。独乐寺庙会规模大，影响力强，辐射蓟州区及周边地区，曾为京东庙会之首，成为集宗教活动，吹糖人、中幡、杂耍等民间艺术，观音赐福和撞钟祈福等地方习俗，摆摊演艺等商贸经济为一体的民俗盛会。庙会期间，打把式卖艺的民间艺人，邻近乡镇村庄的商贾，周边做买卖的小贩，以及来自北京、河北及天津其他区县的商人，均云集于此，一时间前来逛庙会的男女老幼，摩肩接踵、川流不息。

图5-7 古建筑：独乐寺山门

图5-8 古建筑：观音阁

图5-9 泥塑：哼哈二将

图5-10 壁画（节选）

图5-11　报恩院：敬香处　　　　　　　　图5-12　报恩院：普化和尚、寒山和尚

图5-13　报恩院：道济和尚、风波和尚　　图5-14　报恩院：弥勒菩萨

二、风俗的演进

独乐寺庙会的演进和发展离不开独乐寺的兴衰和发展，随着独乐寺的历史变迁，逐渐形成了独乐寺庙会特色风俗。每逢正月庙会，无论大门小户都有接闺女、叫女婿、请亲友、摆酒席的传统，当地还有个俗称"过庙"。中华人民共和国成立后，庙会有一段时间被废止，直到2003年，在蓟州区文物保管所和有关部门上下多次沟通和积极争取下，独乐寺庙会得到了恢复，并在当年被列为蓟州区春节文化活动的重要内容。2004年，独乐寺庙会被天津市政府正式列入春节活动项目，成为天津冬季文化旅游活动的特色品牌。

恢复后的独乐寺庙会除开幕式外，正式活动时间一般是从正月初一到正月初七，一共持续7天（根据实际情况，也会延长，最长一届持续了14天），每天节目大致相同。庙会活动的范围主要以独乐寺为中心点，西起长城路，东至鼓楼广场，毗邻独乐寺东面设立分会场。庙会期间，主办方会举办盛大的文化展演活动，庙会主要内容是由各乡镇前期呈报给主办方，经过筛选后才可以参加核心的展演，主要活动包括祈福活动、文艺演出和现场互动等，其中祈福活动包括香客上香拜佛、许愿还愿、大型法会、佛乐表演、观音赐福。文艺演出包括武术表演、非遗项目展演、民间花会展演。互动活动中设有儿童娱乐项目、猜谜语、撞钟等分会场。此外，商业街上的地方小吃摊点和民间艺术品商贩也会参会，使庙会更加热闹红火。

第二节　内容与程式

每逢庙会，办会前均经过周密的筹备，独乐寺被装扮得焕然一新。庙会期间人们可以上香、撞钟祈福，观看表演，品味特色小吃等。

一、上香

庙会期间会举办大型法会，众多僧人、信士参与诵经及佛乐表演。"独乐晨灯"是古蓟州八景之一，清康熙《蓟州志》记载："城西门内寺名独乐，殿高五丈余，每元旦之晨，盘山舍利塔有灯冉冉而下，先至独乐，后及诸古刹，故为独乐晨灯。"

二、撞钟祈福

撞钟讲究轻、稳、声声入心，撞钟一般9响或9的倍数响，最高为12倍，108响。9为大吉之数，12代表一年12个月，108响代表108种烦恼（图5-15～图5-17）。

图5-15　独乐寺钟

图5-16　"钟声有财"

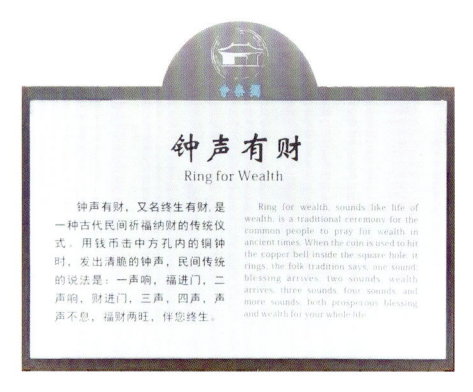

图5-17　钟声有财简介

三、花会表演

花会表演是独乐寺庙会中最受欢迎的表演节目。蓟州区的民间花会,也称"花会""会",古时称"赛会",是一种古老的民间舞蹈形式,起源于祭祀、庆典、驱灾、逐魔,由民间世代传承而来。蓟州区的民间花会分为歌舞、武术杂技、音乐和民间手工技艺(表5-2),一般在农历正月十五前后或各地庙会期间举行。中华人民共和国成立初期,花会几乎遍布全县。一进腊月,人们就抓紧排练自己喜欢的各种花会节目,成为蓟州区庙会民俗中不可或缺的一项(表5-2、图5-18~图5-27)。

表5-2 蓟州区的民间花会

分类	表演内容
歌舞	高跷、小车会、毛驴会、地秧歌、旱船、十八美、腰鼓、霸王鞭、碌碡会、高跷落子、大头和尚度柳翠、太平会、牛车会、大娶、扑蝴蝶等
武术杂技	耍龙灯、舞狮子、摔跤、少林会、中幡、五虎棍、耍叉、耍坛子、英雄会、杠子会、十样杂耍等
音乐	吵子、挎鼓、音乐会、大锣会等
手工技艺	捏泥人、剪纸、画糖画、柳编等

图5-18 花会现场:高跷与舞狮
图片来源:独乐寺工作人员提供

图5-19 现场制作泥人
图片来源:同图5-18

图5-20 花会现场:秧歌会
图片来源:同图5-18

图5-21 花会现场:耍棍
图片来源:同图5-18

图5-22 花会现场：地秧歌

图片来源：独乐寺工作人员提供

图5-23 写春联、写福字

图片来源：同图5-22

图5-24 糖画技艺

图片来源：同图5-22

图5-25 手工技艺

图片来源：同图5-22

图5-26 花会现场：皇帝出巡

图片来源：同图5-22

图5-27 二手市场

图片来源：同图5-22

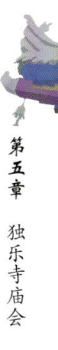

四、武术表演

蓟州区北少林武术,形成于地处蓟州区盘山的北少林寺。北少林寺始建于魏晋时期,元延祐二年(1315年)元仁宗皇帝赐匾额"北少林寺",也是唯一被官方承认的北少林。元朝中统年间,嵩山少林寺雪廷福裕禅师在北少林寺担任住持,将南少林的武术向寺中僧众传授,一方面普及了南少林武术,另一方面为北少林武术的兴起奠定了基础。后经明代圆成禅师、明空长老(普照禅师)等高僧发扬光大,逐步形成了北少林武术,发展到现在已有700多年的历史。蓟州区北少林武术在抗日战争中,为打击日寇、保家卫国做出了突出贡献,名扬中外。如今北少林武术逐渐成为人们强身健体、丰富业余生活和弘扬民族优秀文化的典型代表(图5-28)。

五、皮影戏表演

皮影戏深受蓟州区民众喜爱,在历史上曾经作为群众精神文化生活中的一项主要活动,也是独乐寺庙会最受欢迎的表演节目之一。由于受众面大,因此由皮影爱好者自发形成的皮影队很多。平时利用闲时练习技艺,独乐寺庙会期间或冬闲时都会进行表演。皮影戏离不开皮影的制作,蓟州区的皮影雕刻技艺已经持续了数百年的历史,其中最具特色和代表性的出自别山镇翠屏山的张家皮影雕刻。张家皮影雕刻源于清代,贾连海先生作为第一代传人在恭王府学成雕刻技艺,发展到现在已是第五代(图5-29)。

图5-28 独乐寺内武术表演
图片来源:独乐寺工作人员提供

图5-29 皮影戏后台操作
图片来源:搜狐网

六、蓟州区青池碌碡会

蓟州区青池碌碡会的历史已经延续了几百年,是一种古老而有趣的民间活动,具有浓郁的地方特色和深厚的历史文化背景,也是独乐寺庙会中具有代表性的表演节目之一。人们为了祈祷来年风调雨顺、丰衣足食，在广场上滚动碌碡碾压苇蒲，预示着丰收和吉祥。在碌碡滚动的过程中，人们会围绕着碌碡翩翩起舞，唱着传统的歌曲，以表达他们对幸福生活的向往和对自然力量的敬畏（图5-30）。

图5-30　碌碡会演出

图片来源：独乐寺工作人员提供

七、地方特色小吃展卖

特色小吃展卖也是庙会中不可或缺的。过去因为物质生活品不够丰富，所以小吃出现在庙会中无疑是令人神往的，即使平日里舍不得花钱买，在庙会里也会破费一下。随着人们生活水平的提高，物质生活越来越丰富，百姓们逛庙会吃特色小吃，更是越来越占有重要地位，人们都希望借此找寻和回忆过去的"年味儿"，丰富和充实精神生活。而且如今庙会上的小吃已经不再局限于蓟州区的味道，除了邦均子火烧、一品烧饼、子火烧、碗坨、盘山冻柿子等这些蓟州区传统美食以外，陕西的凉粉、湖北武汉的炸臭豆腐，全国各地都随处可见的花生蘸、撒满了坚果和果干的切糕、大枣蒸饼、驴打滚、螺丝饼、爆玉米花、崩豆、茶汤等上百种美食，琳琅满目、不胜枚举。举办方为了使庙会井然有序，提前将仿古小车摆放在武定街两侧，红色的灯笼挂在上面为每年一度的独乐寺庙会平添了喜庆祥和的色彩，来自全国各地的商贩们齐聚独乐寺，摆开摊点兜售着香气扑鼻的各种食物，古街内各个民间艺术品商铺也同样张灯结彩，绝对不会错过这个年度盛宴。

第三节　风俗趣事

独乐寺庙会既展示着文化传承的地区特色技艺，也蕴含着久远的历史传说，既为蓟州区和独乐寺千年历史平添了神秘色彩，也增添了百姓口中的趣味谈资。

一、"二十三太王"耍中幡

独乐寺庙会花会表演中的中幡最有特色。幡上要写"二十三太王"字样，之所以这么写，这里有一个传说：蓟州区有一个清王爷陵，属于皇家园寝。清康熙皇帝十四子允祹，在东陵守陵期间在节假日没事做，就会耍中幡，并创办了"皇会"。因为允祹也被称为"二十三太王"，他死后葬于蓟州区黄花山下，因此蓟州区耍中幡的都要拜祭"二十三太王"，所以现在能看到的中幡上都写了"二十三太王"的标语。

中幡一般除了在庙会上能见到以外，还会出现在"过会"的时候。所谓"过会"就是在清明节、元宵节等节日里的游行活动。中幡分为大、中、小，大幡也叫大制式幡，高达20米，由一个人撑杆，四个人从不同方向拉住晃绳保证幡杆竖直稳定。大制式幡是不耍的，一般是用来撑场子用的，为了让场子看起来更加壮观气派；小幡较短，但也有5米多，常在"过会"时使用，因为它短小，便于穿过山门和牌楼。中幡常用于表演，约10米高，由旗杆、旗子、伞盖、幡衣、铃铛等组成，重量可达到35公斤，需要体格好、常年练习才能达到较好的表演效果。

二、寺内变寺外，几起几落经久不衰

独乐寺庙会举办初期一直是在寺内的院落举办。清乾隆十八年（1753年）开始，独乐寺东院修建了皇帝行宫（又称乾隆行宫），成为清代皇帝去东陵谒陵途中小憩的地方，也是天津地区仅存的一处行宫。自此独乐寺寺院便被官方占据，成为皇家禁地，不许普通百姓入内，一直持续到民国时期。每逢庙会之日，当地百姓便无法进入寺院内。虽然如此，但百姓们仍自发聚集在庙前，将庙会转移到了寺院外，使庙会的传统没有中断。之后，独乐寺重归人民所有，庙会也得以恢复为寺内举办。其间，庙会因种种原因停办，在2003年得以恢复，且庙会规模越来越大，内容越来越丰富，举办地也在寺内寺外有机融合，一直保留至今。独乐寺庙会已成为展现地方风俗、佛教文化、民间艺术为一体的综合性大型活动，一道文化大餐。

第四节 风俗相关人员专访

一、独乐寺工作人员甲

1. 请您介绍一下独乐寺庙会的起源和发展情况。

工作人员：独乐寺庙会是从辽代延续下来的。独乐寺庙会举办地在蓟州区内，规模比较大。之前蓟州区最大的庙会其实不在独乐寺，而是在九龙山，距离蓟州区非常近的

地方有个道观，当时是最大的庙会地点。但是这个道观中华人民共和国成立以后被拆了，现在能看到的只有一些大殿的基址和简单的围墙，下面通了铁路，建了村庄和果园，就没有举办庙会的地方了，庙会也就取消了。随着全国逐渐恢复庙会，独乐寺庙会是蓟州区第一个恢复的，应该是2003年。

2.独乐寺庙会是否在春节期间才举办？

工作人员：我认为历史上独乐寺庙会真正的举办时间并不是在春节期间。梁思成先生在《独乐寺史》中记载：每届废历三月中，寺历有庙会之举。据此我认为应该是春天，天气还很冷，农耕前，比较空闲的时候。现在独乐寺庙会一般都是在春节期间举办。

3.您认为举办独乐寺庙会的初衷是什么？

工作人员：引用梁思成先生在《独乐寺史》中的记载："县境居民，百数十里跋涉，参加盛会，以期'带福还家'。"所以主要是祈福。历史上的庙会，依据各种资料推断，我认为应该是明代最兴盛、最好。到了清代，建了行宫以后，独乐寺都被围起来了，派了很多人在这里驻守，老百姓就不让进来了，所以百姓们主动将庙会移到了寺庙外举办，但规模肯定受到影响，直到民国才逐渐开始恢复了一些。

在蓟州区，办庙会的初衷还有另一种说法：人们借赶庙会的由头接闺女和姑爷回家聚聚，这是当地由来已久的习俗。

4.独乐寺庙会的举办基本上一年一次，一次持续多长时间？

工作人员：历史上的庙会没有准确记载，只是说"农历三月中"，"中"这个字不知道是半个月还是一天，也许半个月吧，也只能说是一种估算。如今举办的庙会基本上是7～15天，大多数都是7天，最长的一次办了15天（为了活跃春节的氛围，丰富老百姓生活）。

5.明年是否有办会计划？如果继续举办，以前的非遗项目还能否凑齐？

工作人员：应该会办的。独乐寺庙会是天津市非遗项目，同时蓟州区还有三十多种依然存在的非遗项目，不仅有酒、火烧、粉、元宵等特色食品，还有手工技艺、皮影、少林武术、渔阳花鼓等表演类的众多非遗技艺，都是昔日庙会中的经典项目。所以，如果继续举办，以前的非遗项目还能凑齐。

6.当时申报非遗项目的时候，这些吃食、表演类的元素是否都包含在其中？

工作人员：那时候没有这么多，但是也有一些。随着老技艺的不断恢复和传承，现如今庙会中的吃食、表演类元素更加丰富了。

7. 独乐寺庙会有特色的内容是什么？

工作人员：花会表演应该算是比较有特色的，是庙会主要的表演内容。蓟州区的花会是很出名的，没有仔细算过，至少有18种，经常说的有小驴车、踩高跷等，最有特色的叫中幡、耍大杆。

8. 刚才您提到的花会表演至少有18种类型，这些是否都有传承人？

工作人员：基本都有，各个村庄各自负责自己的表演。一般花会在正月十五前后在各个商铺前表演，因为这些表演会吸引人流，带动商铺的生意，商铺会根据自己的情况给几百块钱。举办独乐寺庙会的时候，各乡镇都会向主办方报节目，经过遴选后，上、下午各安排两场表演，供大家观看。早期的时候各乡镇庄都有这种民间组织，有红白喜事的时候也能靠这种所谓的商业去维持。但是这些不能作为生计，这些艺人们的主业还是农忙，在闲下来的时候才操办这些。

二、独乐寺工作人员乙

1. 目前庙会是否有接受传承的徒弟或助手？

工作人员：庙会传承人是当时我们单位的负责人，现已退休。民间花会在蓟州区广大农村拥有深厚的群众基础，主要以村庄为单位，口传身授，传承人数几人至数十几人不等。对于风味小吃，以个体经营为主。

2. 庙会中涉及的高跷、旱船、剪纸、太极、秧歌、拉洋片等是否技艺艺人目前主要的经济收入？

工作人员：庙会中涉及的高跷、旱船、秧歌表演等称为花会演出，是各乡镇农村老百姓自发组织的，他们只在春节期间进行演出。当然有的高跷、旱船、秧歌等表演，在开业、婚庆时会被请去表演，但是因为不能保证表演的频次，因此也不能作为主要经济收入。对于拉洋片这个民间艺术形式，已有几年没出现了，他们主要活动在有庙会的地方，不是蓟州区特有。

3. 在传承过程中您有没有什么印象深刻的事情？

工作人员：庙会在蓟州区古已有之，蓟州区人民一直保留"过庙"习俗，就是在庙会的日子，把闺女一家接回来团聚，亲朋聚在一起吃吃喝喝、聊聊家长。

蓟州区寺庙众多，"神仙"种类五花八门。老百姓根据当地寺庙供奉"主神"的"大日子"，如生日、祭日、成道日等，作为庙会举办的日期，当地人称这一天为"过庙"，虽经历史变迁，大多数寺庙庵堂已踪迹难觅，有的地方庙会形式也已不存，但

"过庙"习俗，民间依然非常重视。时至今日，接闺女、叫女婿，全家人一起吃顿团圆饭，当地人已把这一天当作了特有的节日延续下来。现在蓟州区已恢复的传统庙会有独乐寺庙会和盘山庙会。

4.据您了解是否有类似的风俗，与之相比咱们的特点有哪些？

工作人员：有。如现在的盘山庙会，每年清明节期间举办，包括开幕式（清明前一天）和正式活动（清明期间），有美食、小型演出、小商品售卖等。他们以宣传景区为主，主要吸引外地游客，而独乐寺庙会在春节期间，主要吸引当地人。

5.社会上对这项风俗的评价如何？

工作人员：独乐寺庙会主要集民俗表演、地方风味小吃、商品交易等于一体。在春节期间举办，丰富了群众节日生活，装点了独乐寺内外环境，节日气氛浓郁，深受广大群众喜爱。

6.您认为这一风俗传承发展当前面临的问题有哪些？

工作人员：主要问题有两个。一是场地问题，目前场地还是偏小，限制了人流量；二是规模问题，目前政策支持力度不够，也限制了庙会的规模。

7.您觉得这项风俗的传承需要哪些方面的支持？

工作人员：有四点建议：一是要建立有专家指导的，以蓟州区人民政府副区长为主任的独乐寺庙会组委会；二是要设立以区文旅局、文化遗产保护中心、文化馆领导为负责人的蓟州区民风民俗、民间绝技绝活普查组；三是建议文旅局牵头，成立民间花会协会；四是实行招商引资，发展扩大独乐寺庙会规模。

三、独乐寺工作人员丙

1.您在独乐寺已经工作多长时间？主要负责什么工作？

工作人员：我来这里工作有十来年了，在独乐寺做的工作比较杂，几乎在独乐寺每个部门都有工作过。寺里各殿中的工作人员一般都是倒班轮值的，所以我对独乐寺也算比较了解。

2.独乐寺庙会有什么特色活动？

工作人员：独乐寺庙会期间有许多花会的参与，比秧歌、锣鼓表演等，为庙会增添气氛，都是比较有特色的活动。

3.往届独乐寺庙会参与情况如何？

工作人员：每年来参加庙会的人非常多，月台前面全部站满了，观音阁前的空地也都挤满了人。全国各地的人都有来，如北京、河北等周边地区来的人较多。所以，独乐寺庙会一直是受民众欢迎的，是民众们喜闻乐见的一项民俗活动。

4.为何独乐寺中的香炉置香却不点燃？

工作人员：从2018年末，关于敬香有了新的管理规定。首先，考虑到环保问题，非环保香更换成环保香，当时全国大部分寺庙都不让烧。其次，考虑到独乐寺的大殿是全木结构，以防火灾隐患，便也没有燃香。

5.在独乐寺庙会举办期间，周边集市情况如何？

工作人员：大量的人流带动许多小商贩在独乐寺周边摆摊，渔阳古街上的商店客流量也增多了。总之，在庙会期间，寺内寺外都是十分热闹的。

四、独乐寺文创店的工作人员

1.这里的文创产品是否贵店自己设计的？

工作人员：是，我们店里的文创产品都是我们自己设计的。种类很多，有帆布包、冰箱贴、书签、杯垫、小挂饰、明信片等。其中很多元素都取自独乐寺，比如有款杯垫，它上面的图案就是参照大佛壁画身上图案绘制的；有的书签绘制的就是山门前的"哼哈二将"、观音殿前韦陀的图像。

2.独乐寺庙会期间的文创产品生意如何？

工作人员：生意还不错。每到庙会的时候，来光顾的游客比较多，游客来购买印有独乐寺冰箱贴、帆布包、小挂件的人挺多的。与独乐寺相关的文创产品卖得比较好，其他的祈福摆件稍差一些。

参考文献

[1]天津市蓟州区独乐寺景区[Z/OL]．[2023-10-22]．天津市蓟州区独乐寺景区官网．

[2]盛立双．天津蓟县发现二十七处旧石器地点[N]．中国文物报，2005-06-24（001）．

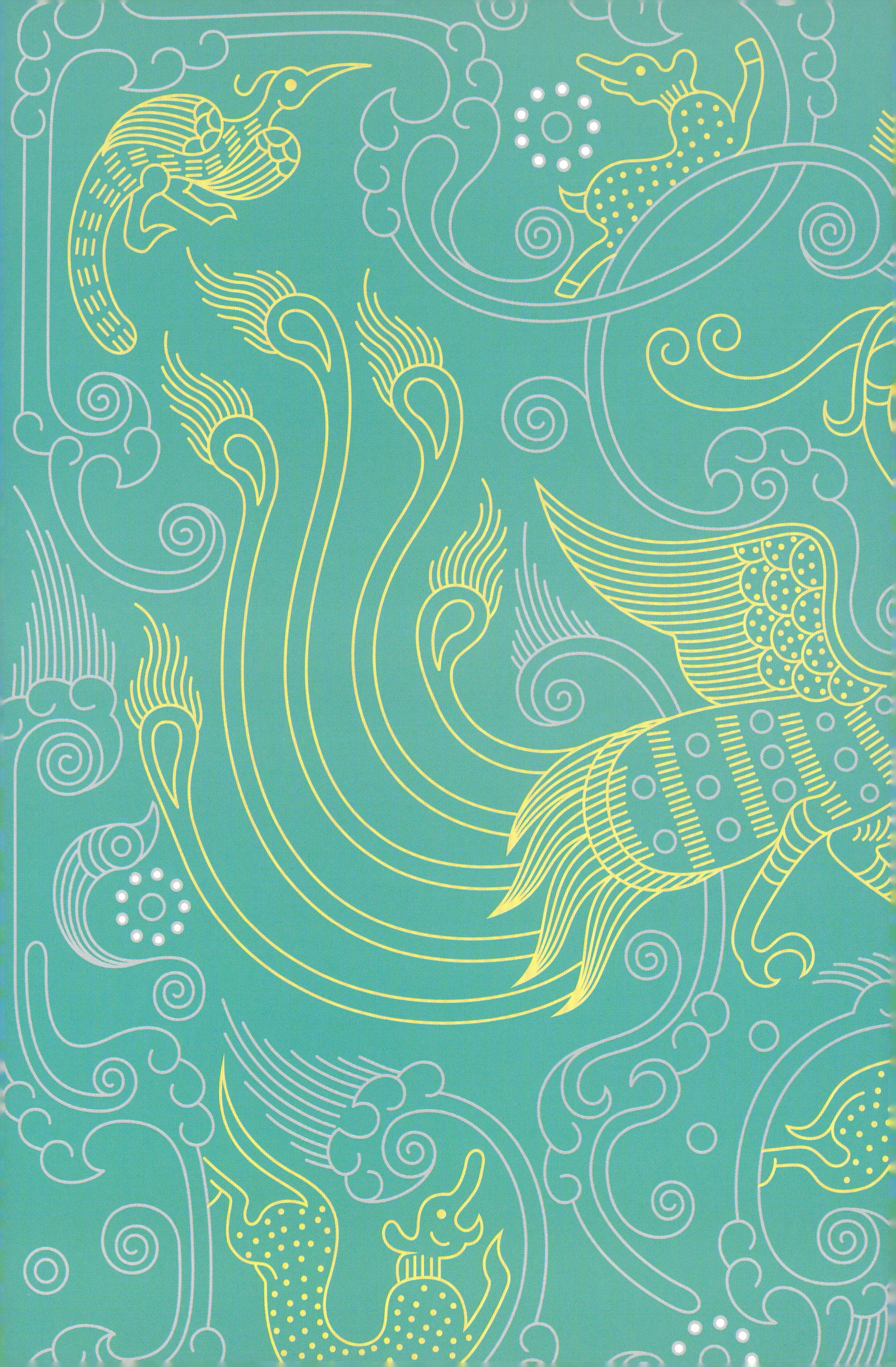

第六章
运河文化（杨柳青段）

中国大运河是隋唐大运河、京杭大运河、浙东运河三条运河的总称。隋唐大运河于隋朝贯通，以洛阳为中心，南通余杭（今杭州），北通涿州（今北京）；京杭大运河在元朝翻修时，弃洛阳而自杭州取直至北京；浙东运河西起杭州，东至宁波三江口。2014年中国大运河入选世界文化遗产名录。其中，京杭大运河共有北运河、南运河、鲁运河、中运河、里运河、江南运河六个部分，杨柳青段是南运河流经杨柳青镇的河段。大运河杨柳青段绵延25千米，贯穿天津市杨柳青镇、中北镇、张家窝镇、辛口镇，这一独特的文化遗产不仅具备重要实用价值，而且扮演着重要的民俗文化空间角色，显著地促进了天津市西青区地方文化的形成和蓬勃发展。2009年，运河文化（杨柳青段）被列入第二批天津市非物质文化遗产项目名录（表6-1）。

表6-1　运河文化（杨柳青段）项目简介

名录名称	名录级别	申报地区或单位
运河文化（杨柳青段）	市级	西青区

第一节　起源与发展

一、运河文化（杨柳青段）的起源

春秋时期，各诸侯国在本国境内开始修建运河，此时只是小规模修建，没有形成全国统一的完备的运河体系。全国的大运河第一次贯通于隋唐时期，隋朝开凿的大运河构建了国家的整体性联系格局。隋唐大运河连接了中原、江淮和江南地区，构成了贯穿南北的水运网络，这一水运网络以洛阳为核心，向西延伸至关中平原，北达河北平原，南至太湖流域，构筑了一个重要的地区互联互通体系，串联起了今天的北京、天津、河北、河南、山东、安徽、江苏、浙江八省（市）。可以说隋朝贯通的南北大运河构建了当时的政治、经济和文化网络基础。

隋唐大运河全段可以分为永济渠、通济渠、邗沟和江南河四部分。永济渠段流通天津境内。永济渠开凿于隋炀帝时期，这条河道是隋代运河系统中的北部干渠，从洛阳流经山东临清至河北涿郡（今北京西南），长约1000公里。永济渠不仅建立了从洛阳到北京的航运通道，而且连接黄河到江淮以及长江以南地区。

元朝时期，都城迁移到大都（今北京），统治者在隋唐大运河的基础上截直改道，逐渐形成了如今所称的京杭大运河。元朝的大运河修建时，北京与天津之间原有的运河已经废弃，重新修建了“通惠河”。自北京通州区到天津称北运河，长186公里，从天津到山东临清称南运河，长400公里。南运河又称御河（乾隆皇帝曾御驾亲临杨柳青而得名），杨柳青段就属于南运河起始的一部分。

杨柳青最早的文字记载源于金代贞佑二年（1214年），金史记载，柳口镇巡检调度，柳口镇即为杨柳青的前身。在此段文字历史之前，也有不少的传说称黄河河道纷乱，带着泥沙的黄河水泛滥而来，在杨柳青淤积成大片陆地，人类文明早已在此聚集。

杨柳青之名的来源，据现有文献考证，最早出自元代诗人袁桷的《朱窝杨柳青》诗五首，袁桷在《清容居士集》（图6-1）中写道：“朱窝杨柳青地近沧州，余爱其名雅，作古调五首。”

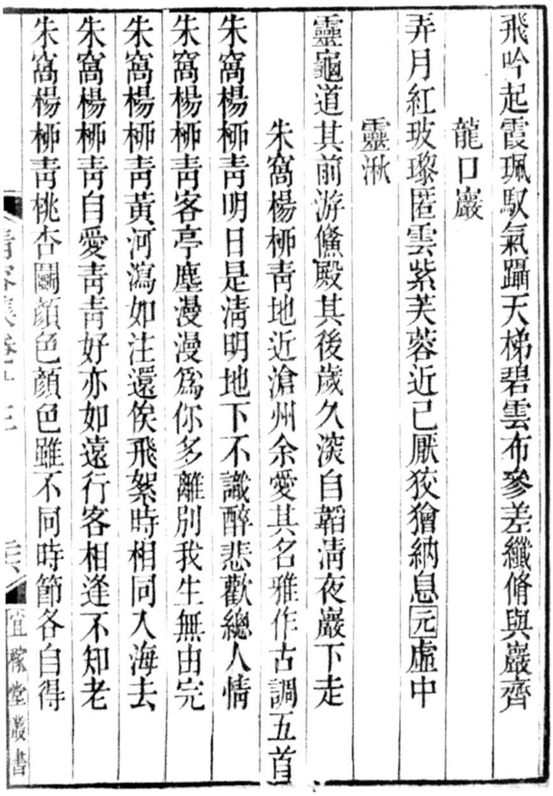
飛吟起霞珮馭氣躡天梯碧雲布參差纖脩與巖齊
龍口巖
弄月紅玻瓈匼雲紫芙蓉近已厭狻猶納息元虛中
靈湫
靈龜道其前游儵殿其後歲久淡自韜淸夜巖下走
朱窩楊柳青地近滄州余愛其名雅作古調五首
朱窩楊柳青明日是淸明地下不識醉悲歡總人情
朱窩楊柳青客亭塵漫漫爲你多離別我生無由完
朱窩楊柳青黃河瀉如注還倏飛絮時相同入海去
朱窩楊柳青自愛青青好亦如遠行客相逢不知老
朱窩楊柳青桃杏鬬顏色顏色雖不同時節各自得
宜稼堂叢書

图6-1 《清容居士集》书影

图片来源：冯立提供

《朱窝杨柳青》其四

朱窝杨柳青，自爱青青好。

亦如远行客，相逢不知老。

杨柳青依托运河之势，沟通了南北的地方文化，吸引了大量民众来此聚居、商贸，清代华长卿有诗云：

子牙河畔钓台存，杨柳青边野色昏。

海气攒天捞蜃蛤，朝光铺地散鸡豚。

百年祠宇栖淫鬼，十丈城楼妥缢魂。

大贾豪华销似雪，有谁思报信陵恩。

由此诗可以看出，杨柳青经过多年的发展已经颇具繁荣的景象，并随着历史潮流变化，逐渐形成新的文化意味。在古杨柳青地区，商贸发达，经济发展相对较为先进，区域内呈现出鲜明的交通要道的特征和运河沿岸的特征。大运河给予了杨柳青镇无穷无尽的滋养，杨柳青镇人口密集，物产丰富，宛如江南，素有"北方江南"之称。康乾盛世的繁荣、运河通航的发达，南北文化的交流，使杨柳青古镇在历史上风光秀丽，是许多游人心驰神往的场所。

二、运河文化（杨柳青段）的发展

1979年，天津市文物局组织技术人员对杨柳青运河南宋墓葬进行了考古挖掘，发现了诸多宋代铜钱和唐代钱币，表明杨柳青地区悠久的历史，在那个时代就已经是人类聚居的场所。

1992年，杨柳青第二小学施工建设时，发现了席市大街的遗址，席市大街因为人们于此贩卖草编织物而得名，科考发现了两层遗址，一层为明清遗址，另一层为宋元遗址，遗址中发现了瓷器、铜钱、烧灶等，呈现出了当时的繁华场面。

2009年，运河文化（杨柳青段）入选了天津市第二批市级非物质文化遗产项目名录。

2004年至2023年，天津市西青区累计举办了19届杨柳青民俗文化旅游节，展现运河名镇杨柳青的文化风采，民俗文化得以充分展示。从2015年开始杨柳青地区共举办了5届"运河记忆"非物质文化遗产主题宣传展示活动，以保护好、传承好、利用好非物质文化遗产，延续历史文脉，坚定文化自信为主线，将"非遗+旅游"作为推进地区经济社会发展的重要路径之一，坚持以非物质文化遗产活化利用赋能旅游业，推进文旅、商旅融合发展（图6-2）。

(a)

(b)

(c)

图6-2 "运河记忆"非遗活动现场

2019年，中共中央办公厅、国务院办公厅印发了《大运河文化保护传承利用规划纲要》，提出要切实保护、精心传承并充分利用这一祖先留给我们的宝贵遗产，以此为契机，弘扬中华文明，传承历史智慧，使大运河的文化价值得以持久传承与充分发扬。天津市政府已经批准印发了《天津市大运河文化保护传承利用实施规划》，针对多个关键领域展开工作，包括但不限于重要文物和遗址遗迹的保护修缮、非物质文化遗产的传承保护、水资源的保障、生态的保护修复等。规划涵盖了九大类共51项重点工程项目，总投资额达310多亿元。西青区委、区政府也决定建设杨柳青大运河国家文化公园，最大限度地保护和恢复杨柳青的历史风貌。2022年6月，杨柳青大运河国家文化公园一期工程开始建设。至2023年7月，景观、道路及配套工程基本完成，项目整体效果已基本呈现，杨柳青大运河国家文化公园项目一期工程已基本竣工。

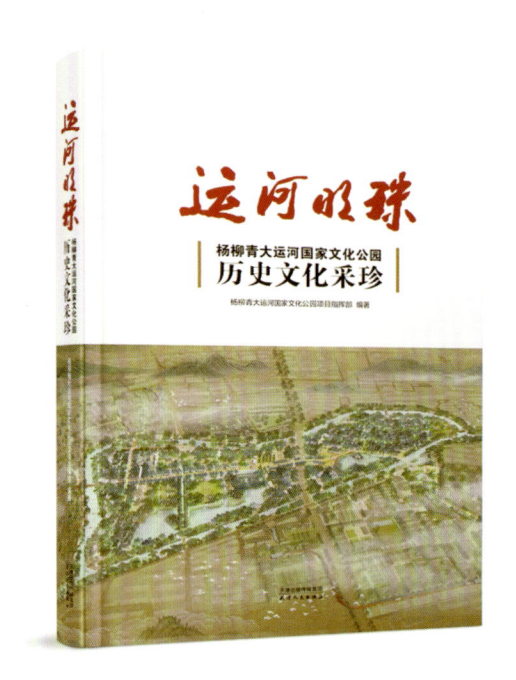

近年来，《运河明珠：杨柳青大运河国家文化公园历史文化采珍》《西青大运河诗钞》等著作相继出版，丰富了运河文化的研究文献，表现出了古镇杨柳青与运河紧密的联系与文化血脉相承（图6-3、图6-4）。

图6-3 《运河明珠：杨柳青大运河国家文化公园历史文化采珍》

图片来源：冯立提供

图6-4 《西青大运河诗钞》

图片来源：同图6-3

第二节　运河文化的内容[1]

杨柳青镇北有自然形成的子牙河,镇南则拥有世界上第一条人工运河——京杭大运河。"天河"与"人河"在这里交相辉映,为先民提供了繁荣的居住地。古老的运河激荡出杨柳青的千年文明,而大运河的沿岸则孕育了独特的城市和村镇。历代扮演过运河重要节点角色的村镇,在运河的影响下,经济蓬勃发展,城市不断壮大,为今天留下了独特的历史文化街区遗产。明代小说家吴承恩也曾流连于杨柳青美景,留下了传世之作:"村旗夸酒莲花白,津鼓开帆杨柳青。壮岁惊心频客路,故乡回首几长亭。春深水涨嘉鱼味,海近风多健鹤翎。谁向高楼横玉笛,落梅愁绝醉中听。"极尽古镇之美,传唱至今。

杨柳青镇因为运河边漕运兴盛而兴起了许多商业,小商小贩聚集,形成了大量的杨柳青茶汤、杨柳青酥糖等传统手工技艺;沿着运河有多种多样的音乐形式,使四面八方的音乐艺术传入杨柳青,并且作为重要的历史文化遗产保留下来,香塔音乐法鼓、杨柳青船工号子就是其中的典型;另外,顺着运河北上的年画技艺不仅发展了国家级非物质文化遗产杨柳青年画,而且为杨柳青剪纸、杨柳青风筝等其他美术项目提供了丰富的题材;因为运河而形成的独特水文和地形特征,也使具有特色的古代文明遗产蓬勃发展,运河水灌溉出了甘甜可口的沙窝萝卜,河边湿地提供的天然练武场,促进了风云老会、霍氏潭腿等的繁荣。

一、传统美术

杨柳青地区有丰富的传统美术非物质文化遗产,以杨柳青年画最为有名。明朝时期,南方年画艺人沿运河北上,在杨柳青镇驻足生根,产生了杨柳青年画这一年画品牌。以细腻精致的画工,追求极致效果的颜料使用而闻名遐迩。采用与年画类似题材的还有杨柳青剪纸和杨柳青风筝,它们都使用了许多杨柳青年画的题材图案,表现出了因运河而来的多方融合的美术风格。同时这些美术作品还使用了诸多鱼类、运河风情的素材,反映了运河文化的特色。

---

[1] 本节图片除特别注明外,均由冯立提供。

(一)杨柳青年画

在杨柳青一带,有着著名的国家级非物质文化遗产杨柳青年画。始于古代"门神画"的年画,是春节时常被贴在门上的小小纸片,包含着对新年的祝福和对未来美好生活的期待。中国的杨柳青年画、四川绵竹年画、苏州桃花坞年画、山东潍坊杨家埠年画被合称为"四大年画"。杨柳青年画被许多人认为是中国四大年画之首,与其他三项相比,因为离皇宫更近,杨柳青年画绘画风格明显受殿版版画和宫廷院画的影响,追求绘画效果,单色版印刷,辅以人工染色,线刻精工细腻,染色鲜丽辉煌。

杨柳青年画的历史最早可以追溯到明代,据传承人描述,明代初期,朱元璋和张士诚在江苏一带率领军队展开大规模的征战,战火损坏了许多的文物古迹,苏州城也被战火几近摧毁,苏州桃花坞的年画画师们不得不谋求别的出路,他们中的许多人沿着运河北上,一直航行到杨柳青地区,被纹理细致而坚硬的梨树所吸引,梨木是制作木版年画的上好材料,画师们决定定居杨柳青,继续开办画坊,后来也就形成了著名的杨柳青年画。

杨柳青年画的制作工序可以分为五步,分别为勾、刻、印、绘、裱。它们分别指勾描画稿、年画制版、刷画坯子、手工绘制、年画装裱。在前期,年画设计者进行精细的设计,然后将设计方案存为模板,后代画师只需要按照模板进行作画即可。杨柳青年画素有"杨柳青年画,一年鼓一张"的传说,因为其造型生动,惟妙惟肖,画中的人物仿佛要从画中"鼓"出来。

在漫长的岁月里,随着年节风俗的演变,年画逐渐衍生形成一种中国民间特殊的象征性装饰艺术。年画的题材包罗万象,据不完全统计,杨柳青年画的画样有两千多种,堪称一部民间生活百科全书。大致可以分为四个方面:神仙与吉祥物、世俗生活、娃娃美人和故事传说(图6-5~图6-10)。

图6-5 年画《大逛花灯》

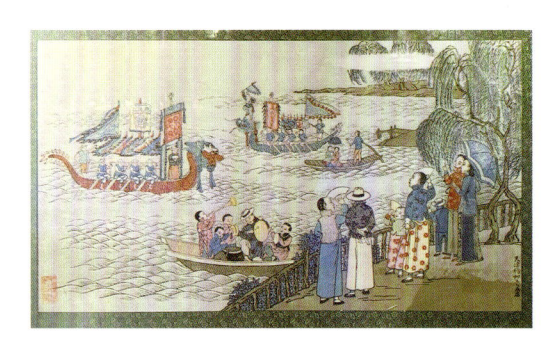

图6-6 年画《闹龙舟》

图6-7　年画《五福寿为先》

图6-8　年画《五子夺莲》

图6-9　年画《余庆欢喜》

图6-10　年画《渔妇》

到今天，杨柳青年画依旧生机勃勃，以杨柳青为基地蓬勃发展，在杨柳青有着"霍氏古一张""玉成号""年画张"等专营杨柳青年画的画社，所经营的传统与时代风味并重的年画作品销往全国各地。

（二）杨柳青剪纸

杨柳青剪纸早在2009年被列入天津市第二批市级非物质文化遗产项目名录，通过丰富的形象语言，生动地展现了我国深邃的传统思想和古老文化，蕴含着独特的美学价值和艺术价值。

剪纸俗称窗花，年节时用作门笺、窗花。每逢年节，人们将喜庆的题材剪成剪纸，贴到窗户上，这也是将自己的心愿剪成剪纸，贴在窗户上。在婚庆、寿庆和丧葬祭祀等仪式中剪纸也不可或缺。剪纸艺术作为其中的一部分，拥有悠久的历史，其创作内容常与各地的风俗习惯紧密相联。正因如此，不同地区的剪纸作品风格各具特色，异彩纷呈。

杨柳青的剪纸作品天真秀美，令人赏心悦目。特别是其剪纸品种极其丰富，充满了浓郁的节日氛围，为本已喜气洋洋的节日增添了更多的色彩。常见的剪纸形式有方形、圆形、条形、菱形，还有团花四角式，每一种形式都具有独特的风采。剪纸的题材比较丰富，常见的有水浒戏、西游记、三国戏等，除此之外还有民间故事、十二生肖等题材（图6-11～图6-16）。以杨柳青年画构图移植的民间剪纸形成了独具特色的杨柳青民间剪纸。

图6-11　剪纸《百子图》局部（一）　　　　图6-12　剪纸《百子图》局部（二）

图6-13　剪纸《大得余利》　　　　图6-14　剪纸《福寿三多》

图6-15 剪纸《连年如意》　　　　　图6-16 剪纸《发财还家》

杨柳青民间剪纸主要以刻为主，一块蜡板，放上一沓红纸，剪纸艺人运用手中的刻刀，以娴熟的技艺、朴素的手法，创作出大量造型奇巧、剪工精湛、生活气息浓重的剪纸精品，把人们喜庆、快乐的心情表达得淋漓尽致。

（三）杨柳青风筝

杨柳青风筝是西青区区级非物质文化遗产，民间素有关于杨柳青风筝的民谣：天津城西杨柳青，五湖四海有名声。年画早世传世界，今日风筝环球行。风筝历史近千年，古老技艺又创新。高飞天宝传友谊，犹如彩鸽颂和平。

杨柳青风筝吸收"风筝魏""风筝李"两家艺术精华，制作技艺精湛，造型多样，有蝴蝶、老鹰、金鱼等多种，体积最大有2平方米，小的只有卷烟盒大小。杨柳青风筝的制作历史久远，工艺精湛，从清代的天津杨柳青年画《十美放风筝》上即可得到证实，有多种多样的风筝形态（图6-17），常见的有串灯、盘鹰、唐僧取经、蝴蝶等。

杨柳青风筝的取材以杨柳青木版年画的内容为主，偏重富有民间风情的人物、花鸟、鲤鱼等形象，以独特的韵味和精湛的技艺，成为运河沿岸有代表性的非遗文化类

(a)

(b)

(c)

(d)

(e)

图6-17　杨柳青风筝作品

型。在制作过程中，匠人们秉承着杨柳青风筝"四艺"的工艺精神，将扎、糊、绘、放的技艺融为一体，使每一只风筝都成为一件独特的艺术品。

二、建筑文化

杨柳青一带既有因为交通发达，而显示出风格融汇、博采众长的民俗建筑风格，也有从各地运输来上等材料建设的奢华的豪门宅院，这些都构成了杨柳青地区独特的建筑风格，石家大院、杨柳青砖雕等物质文化让人们深刻地感受到历史和文明的更为直观的触碰。

（一）杨柳青独特的建筑风格

据地方史专家冯立先生介绍："杨柳青因运河繁荣，建筑也顺河而建，杨柳青几乎没有正南正北的房屋，所有的房屋都垂直于运河。"地处运河重要节点的杨柳青，不仅是人和物品交流往来的场所，而且是建筑风格、地方美食的融汇之地。以建筑为例，杨柳青地区就有着与北方地区迥然不同的瓦当结构、八字随墙门、仿石库门等。

由瓦檐、瓦脸、滴水三部分构成的瓦当，常见于安徽和江苏一带，但是在杨柳青也同样出现了这样的瓦当结构，可见随着运河的漂泊，一些建筑风格也被带到了这里。

八字随墙门是指平房院门的两侧向内凹入一部分，在门口形成一片楔形的空地，空地上砌出台阶，如此形成一个"八"字形（图6-18）。这样既可以满足自家院门有台阶的需要，又不会影响行人从自家门前经过。如此既可以节省空间，又体现出了杨柳青人的公德意识。这种院门的样式，无论是在天津老城里，还是天津各郊县都没有。而在南方的常州、上海等地，才有零星的这种院门样式出现。

我国南方有一种非常有特色的建筑形式——石库门，起源于太平天国时期。当时的战乱迫使江浙一带的富绅们为了保障安全，修建住宅时选择将门户改得较小，追求简约的风格，将多个进门的结构改为单进，以求门户更加严密。正是在这一背景下，中西合璧的石库门住宅开始出现（图6-19）。这种住宅吸纳了大量江南传统民居的风格，使用石条进行围合，地面设有石门槛，两侧是石柱条，顶部则是一块直立的石门楣。这种住宅的外形精致雅致，尤以苏州和上海地区保存较多。这种门因以石头做门框，所以得名"石箍门"，后来因为宁波人发音问题而叫作"石库门"。在杨柳青也有这种建筑形式，可见杨柳青地区吸收了许多江南地区的建筑特色。

图6-18 八字随墙门　　　　　　图6-19 仿石库门

(二) 石家大院与杨柳青砖雕

石家大院位于千年古镇杨柳青，原为清末天津八大家之一石元仕的住宅，俗称"石家大院"。石家大院始建于光绪初年（1875年），是一座已有140多年历史的大型清代民宅。院中戏楼是我国现存保存最完好、规模最大的封闭式民宅戏楼。石家大院曾有"华北第一宅""天津第一家"之称，是全国重点文物保护单位，内存有大量的杨柳青砖雕作品。院内建筑用材考究，做工精细，砖木石雕精美、独具特色，其砖瓦大部分来自苏州、临清，木料主要是楠、樟、楸、柏等硬木，均来自云南、贵州，这些稀有材料在交通不便之时沿运河而到来，一同装点起了这座院落。丰富而考究的浮雕、石雕、木雕等装饰使院落显得富丽堂皇（图6-20）。

石家大院建筑中保留了大量杨柳青砖雕的风格特色，造型题材多样，诸如"福寿三多"：仙桃代表健康长寿，石榴代表多子，佛手代表多财，多寿、多子、多财故称福寿三多。再如"一品清廉"：因为莲花出淤泥而不染，一品为最高的官位，故寓意为官清廉，格高品正。还有"麟吐玉书"：麒麟称为"仁兽"，据史料记载，孔子在诞生前，有麒麟降至其宅院内，口吐玉书，孔母分娩生下来大贤大德的孔子，后人把"麟吐玉书"

(a) (b) (c)

(d) (e)

图6-20　石家大院丰富的建筑雕刻装饰

作为祥瑞之兆。"福在眼前"：取"蝠"与"福"的同音，"前"与"钱"的同音，又因古钱中有一孔称为"钱眼"，寓意幸运就在眼前，即将降临（图6-21~图6-28）。

三、传统技艺

据《西青区志》记载，民国初年，杨柳青有坐商500余家。杨柳青地处运河入京之要冲，南来北往的舟子旅人、商贾政客在此便利之处歇脚打尖，催生了一批历史悠久的商铺店家，也形成了许多载入非物质文化遗产名录的传统技艺。

（一）杨柳青酥糖

酥糖是中华特色传统名点之一。一般的酥糖称为"块儿"，而杨柳青酥糖却"独成一派"，其呈长条状，扁平且以糖丝连绵，入口酥甜。杨柳青酥糖是糖与芝麻混合物制

图6-21　砖雕《辈辈封侯》

图6-22　砖雕《丹凤朝阳》

图6-23　砖雕《凤戏仙桃》

图6-24　砖雕《福善吉庆》

图6-25　砖雕《麟吐玉书》

图6-26　砖雕《梅兰竹菊》

图6-27 砖雕《平生三级》　　　　　　图6-28 砖雕《四季平安》

成的食品,厚度大约5厘米。经由双手上百次拉折,在拉折时,芝麻和糖一抻一扯一叠就是一层,它内部约有120层。作为杨柳青镇的特色小吃,来自全国各地以及其他国家和地区的游客都品尝过它的味道,并把它作为纪念品带回家乡(图6-29)。

图6-29 杨柳青酥糖

图片来源:天津市西青区非物质文化遗产名录图典

(二)杨柳青茶汤

天津茶汤的起源可以追溯到明朝末年,因用水冲熟,如沏茶一般,故名茶汤。这种饮品的特点是色泽粉红，质地细腻，口感香甜润口。如今，在天津的杨柳青、鼓楼、古文化街等地，常常可以看到用独特的龙嘴大铜壶冲制茶汤并出售的场景，这些情景充满了浓郁的民俗特色，极具吸引力。这一景象已成为天津的一道独特风景，令人难以忽视（图6-30）。

图6-30　杨柳青茶汤

图片来源：天津市西青区非物质文化遗产名录图典

（三）杨柳青槟榔糕

杨柳青著名小吃槟榔糕，并不具有一般蛋糕的松软特性，而更接近一种糖块，质地坚硬，入口不易融化。尽管味道略带甜味，却不浓烈，而且能保持长久的醇香，含在口中还能生津液，有助于消化。槟榔糕的起源可以追溯到清代，它是杨柳青的安氏居民所创，早已成为该地方的一道美味佳肴（图6-31）。

图6-31　杨柳青槟榔糕

图片来源：天津市西青区非物质文化遗产名录图典

第三节　风俗趣事

一、乾隆赐名"杨柳青"

据传,在春光明媚的三月,乾隆帝与刘墉等大臣以及一众随行人员,在通州登船,沿着宽广的运河航行而下。抵达卫津镇,即后来的天津市,他们在北河口停留片刻,随后顺水向西南方继续前行。当他们来到古柳口时,岸边出现了一个年轻的农家少女,她手提着竹篮,步向河岸。少女容貌秀美,身材苗条,虽未施以烦琐的妆容,但仍然光彩照人。

少女深深地吸引了乾隆皇帝的注意,即使船已经渐行渐远,乾隆依然扭头向后张望。刘墉忍不住在一旁偷笑,故意问道:"陛下,您认为世间何物拥有最大的力量?"乾隆毫不犹豫地回答:"虎!"刘墉神秘地低声说:"是女人。臣刚才看到,那位河边的女子居然把龙尾牵引过去。"乾隆满面红色,但仍试图辩解:"我并非看她,而是看那些高耸的杨柳树。刘爱卿,我们此刻所在何处?"

刘墉并不知道这运河边的小村镇原名太平庄,后来改名为古柳口。然而他机智过人,便顺着皇帝的意思说:"此地乃杨柳青!""杨柳青?没错,正是杨柳青!"乾隆与刘墉相互对视,然后都忍不住地会心一笑。过去常言,皇帝一言九鼎,他的话语犹如定律。从那刻起,天津西郊的村镇就被赋予了"杨柳青"的名字。而这个村镇的年画自然也因乾隆皇帝的命名而变为"杨柳青年画",并因此享誉国内外。

二、运河与武术的渊源

因为运河是交通要道,许多东西都跟运河密切相关,武术也是如此。天津西青最有名的两位武术家,一个是霍元甲,另一个是韩慕侠。霍元甲就是从小南河村来到了杨柳青,向风云老会学艺,而风云老会最主要的武术就是潭腿,曾经在北京作镖师、后来创立了风云老会的王国立将潭腿教给霍元甲。

王国立为人忠厚,行侠仗义。在王国立与霍元甲探讨武艺时,还将霍元甲介绍给了他在河北景县的弟子、号称"赵家五虎"的赵连和、赵连城等人。霍元甲在上海创办精武会的时候,王国立应邀携弟子赵连和、赵连城前往助阵,为霍元甲捐款并传授了潭腿十路拳。风云老会流传有十二路潭腿,但是霍元甲所学习到和后来发展的精武潭腿是十路,这少传的两路,也是风云老会掌门人王国立有所保留的。

北洋政府军阀混战时期，直系军阀和奉系军阀展开了大规模的战役，奉系军阀的司令部当时就设立在杨柳青，张学良也就居住在杨柳青。张学良邀武术大师韩慕侠出任十六军千人"武术团"教官，这个"武术团"也就是后来令日军闻风丧胆的大刀队。在训练中，韩慕侠把八卦拳和形意的五行连环枪变化为步枪的刺杀动作，简单易学，极具实战价值。

韩慕侠帮助大刀队训练武术，使用的场地就是现在杨柳青大运河国家文化公园（也叫作元宝岛）的这片空地。其实，在运河边上习武是运河一带的常见习惯，运河边因为有流水经过，土质松软，习武时经常摔跤、跌落，在这里都能受到更好的保护，练习武术的学徒们都喜欢在运河边练习。在南运河下游的沧州地区，练习八极拳的中国八极拳研究会副会长刘连俊也说："练武所需空间大，房屋比较窄、不宽松，运河岸边是一个理想场所，另外河边土质比较松软，摔打踢拿都不怕。"

第四节　经典场景[1]

杨柳青镇作为运河古镇，自古因运河而兴盛，在当地积累了繁荣的商业、络绎不绝的交通客流、兼容并包的文化特色，形成了杨柳青镇独有的地区特色，为周边地区的人们所熟知（图6-32～图6-34）。运河沿岸风光秀丽，沿着河岸行走可以看到杨柳青青之景。河岸上的民居简洁而古朴（图6-35），始建于明代、供奉着孔子、文昌帝君和魁星的文昌阁也伫立于此（图6-36）。

图6-32　杨柳青地名碑　　　图6-33　杨柳青古镇大门　　　图6-34　运河边的抱鱼雕像

---

[1] 本节图片均由冯立提供。

(a)

(b)

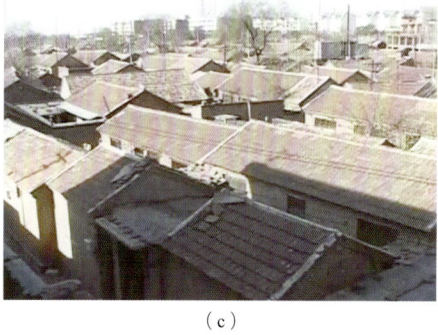

(c)

(d)

(e)

图6-35 运河沿岸的杨柳青民居

图6-36 文昌阁

运河边的杨柳青镇，聚居着许多南来北往的外来人口，河运兴旺之时，南来北往的船只千帆竞发，大小游船不断（图6-37），河边的聚居区域内人声鼎沸，嘈杂声不断，具有运河城市的典型特色（图6-38、图6-39）。

图6-37 漕运游船

图6-38 杨柳青御河图（局部）

(a)   (b)   (c)

图6-39 运河的模拟动画场景

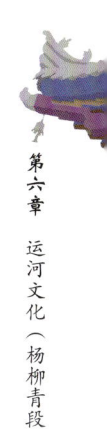

因为交通的便利，大量商贾在杨柳青镇从事各色的买卖营生，也使杨柳青镇从古至今一直是方圆几十里内最为繁华的街镇（图6-40~图6-42）。

（a） （b） （c）

图6-40 运河边的商贾模拟展览

图6-41 20世纪杨柳青节日盛况 　　图6-42 近年来杨柳青镇活动举办时的热闹场景

第五节 风俗相关人员专访

本次有幸采访了西青区政协文史委副主任、杨柳青大运河国家文化公园项目指挥组文史组副组长冯立先生（图6-43）。

1. 请您谈谈您对运河文化的基本认识以及您研究运河文化的初衷。

冯立：杨柳青是许多文化遗产富集的地方，运河文化是其中之一，我本人通过借助运河文化的概念从事地方的历史文化发掘，运河文化是一个好的抓手，可以将许许多多的文化串联起来。

我对这些感兴趣是因为我从小在杨柳青长大。从上小学的时候起每每走在杨柳青街道，就会有一种打心底升起来的自豪感。杨柳青是一个有文化底蕴的地方，特别是原来大寺胡同两边的青砖瓦房、裕德堂的砖雕石雕，一看就让人有一种震撼的感觉。但是20世纪90年代开始，随着现代化的建设，许多拆除工作使杨柳青的古老民宅、建筑的

图6-43　杨柳青大运河国家文化公园项目指挥组冯立先生

数量减少了。从我个人的角度来讲，之所以研究运河文化，原因是：第一，可能要被拆除的一部分我们希望能保护住，为了保护住就需要说明这些东西的文化内涵有什么；第二，希望通过发掘和研究整理能使人们更加重视；第三，已经没有的东西，希望通过影像和文字把它留下来。往更大一点说，这些我们所认识的非遗以及其他段的运河非遗，它们属于传统文化这棵树上的果实，通过果实我们可以窥视到它的根脉，去了解它的根本，中国传统文化到底是什么，有什么有价值的东西，值得我们去探寻。这些就是我研究运河文化的初衷。

2.请介绍一下您和运河文化（杨柳青段）的渊源。

冯立：因为杨柳青很有文化底蕴，我从小就对杨柳青文化很感兴趣。参加工作之后，业余时间里我会写一些关于天津西青文史的小文章。刚好前些年展开了杨柳青大运河国家文化公园的建设，我提出文化公园的建设不应该只设置融资发债、规划建设等部门，相应历史文化的把握也应当得到重视，所以当时专门设了一个文史指导组，我就在文史指导组中从事工作，到现在整三年了。

3.您认为现如今运河对人们的主要影响是什么？

冯立：西青段的运河现在已经失去了漕运的功能，再次尝试恢复漕运功能也不是一项很有经济价值的手段。所以，现在最大的意义还是它的文化价值，将运河作为一个箩筐，来承载各地方的相关的文化，它是可以把这些散落的文化串联起来，起到这个作用的。

4.在当地人群中，人们对运河文化的了解如何？

冯立：目前对于运河文化这个概念并没有一个很明确的定位，当地人们对于运河文化认识还不够充分。对于老百姓来说，平常了解到的是具体的杨柳青年画、石家大院、沙窝萝卜等这些与运河息息相关的事物，这些都具有丰厚的非物质文化遗产的意蕴。近些年来，运河文化也作为一种旅游的概念在兴起，运河记忆等主题展演与活动也很受老百姓欢迎。也许在未来，运河文化作为一种文化概念会更加深入人心。

5.您觉得目前对于运河文化的保护传承，还特别需要注意什么？

冯立：目前我们在做运河历史文化的发掘整理工作。在发掘基础上进行整理，然后梳理成文，再进行深入研究。对于研究有两个前提，第一个是对于形式逻辑的精通，第二个是要转变西式的眼光，了解和学会使用中国传统文化的眼光，基本方法应该是取象比类。

以杨柳青年画为例，杨柳青年画是非常典型的。目前杨柳青年画很多人在研究，包括它的历史，它的技法，但大都是在用西方人的视角看这个东西。我则是从另一个视角来研究它，因为杨柳青年画过去有一个民间说法：杨柳青年画，一年鼓一张。鼓一张就是画变活了，这是民间传说的一部分，原先我并没有当真。后来发现不是那么简单的。有一本书《梅花易数》，是宋代邵康节所著，书里有一段口诀，比如说"莲"代表"清廉"，"桃"象征逃跑的"逃"，"梨"主"分离"，这属于传统文化中的取象比类。它是一种类比，而不是采用西方常用的逻辑，传统文化是独立于西方文化之外的、与西方文化的世界观和方法论完全不同的一种体系。我将这些口诀拿给年画的画师看，他们都告诉我这是杨柳青年画的创作口诀。这就说明一个问题，杨柳青年画的根脉与传统文化是一致的，深入研究之后，我更深信它涉及传统文化，触及了传统文化的根脉。戴廉增画店的第十九代传人戴敬勋曾经跟我说：杨柳青年画有一个特点，就是有好多谐音吉祥画，这是杨柳青年画中比较独特的一点。虽然他们家是经营者，但他也不知道这个东西叫什么，其实这个东西在传统文化里叫外应音义诀。外应在传统文化中的两个常见应用，一是预测，二是祈福纳祥。

当然传统文化并不止于此。对于非遗的研究，应当更加具备这样两个条件，逻辑能力的训练和对中国传统文化的深入理解，特别是深度了解中国传统文化的理念和思维方式，这是我们继续深入运河文化研究，乃至于更多的非物质文化遗产研究所需要提高的。

6.您在研究运河文化的过程中发生过什么记忆深刻的事？

冯立：在2012年，我参与了全国性的"寻根大运河"活动，在与其他科考和文史人员交流过程中，了解到沧州地区的孙健老师编辑了一部关于沧州的诗歌总集，里面的诗歌最早可以上溯到《诗经》。孙健老师还分享了寻找过程中关于杨柳青的诗歌，有20多首，都是之前没有记载的。这件事情对我产生了很大的启发和激励，发现杨柳青地区对这方面的文史发掘还很不够，之后经过个人努力，目前涉及西青的古诗词已发掘了1300多首。

潘纬有一首诗，给我留下了很大的印象。在《长安客话》中，作者提及"客路蘼芜绿，人家杨柳青"。明代所有的志书，包括清代的志书都传抄下来这两句古诗，而后代的诗人，也都学这两句，可以看出这是很有名的诗句了。当时想要找到此诗的全文，就试图寻找潘季纬的诗稿，但始终找不到这个人，也没有他的任何线索。一直到2018年，突然有了一个灵感，潘季纬可能并不叫潘季纬，古人把伯仲叔季也搁到名字排行里面，他有可能是排行第四，因此他有可能叫潘纬。经过一番检索，果然查出了潘纬是明代中书舍人，并且查到了他有一部诗集《潘象安全集》，于是在古籍网站上翻寻此书，就找到了那首完整的诗。

7. 对于运河文化未来的发展传承，您觉得还需要做些什么？

冯立：未来对运河文化本身就是要继续加大发掘整理研究力度，同时把文旅融合作为一个权宜之计，通过有一定经济效益的方式来更好地保护它，对看得见摸得着的物质文化遗产要保护，对非物质文化遗产也要进行整理研究，在知道有什么的情况下，要知道那些东西是什么，然后长远地知道怎么利用它，而不是只是作为一个非遗项目。在研究层面之外，对于民间的传承和利用，就需要给相应传承人和传承机构相关的政策进行扶植，让这些非遗可持续地传承下去。

8. 您认为相比于其他的运河文化，杨柳青段有哪些比较有特色的地方？

冯立：咱们最有特色的，一个是文化本身的，比如说年画，它能触及传统文化的根脉性的东西。这在其他运河文化的分支可能也有，只是还没有人提出来。另一个在于，西青段运河文化有比较深入的研究，它的发掘和梳理是相对比较深入的，其他段运河文化有各地不同的研究情况，有多种多样的发扬和传承运河文化的形式，进行宣传、与时代融合的情形非常的多样，而对挖掘整理来说，杨柳青段的运河文化还是很突出的。

9. 未来对杨柳青的运河文化的宣传有什么值得做的工作？

冯立：首先要进行地方历史文化的发掘整理研究，知道"有什么"和"是什么"。其次是宣传形式的优化，将之前得到的成果，再梳理转化成大家可以乐于接受的，比如说拍摄自媒体的小视频，借用诸如抖音一类的新兴媒体平台。现在数字化时代背景下，很多人平常不会看书，甚至稍微长一些的短视频大伙也懒得看了。一张图片配上一句话，这就是现在人们最乐于接受信息的方式。另外，在宣传上还可以通过设计将运河文化融入体验式项目中，通过体验项目而获得更加直观的体会。最后，是进行大量的宣传，宣传不光要在主流媒体，传统媒体上也还要宣传，还要靠大量的自媒体的宣传，自媒体的宣传也不可或缺。

参考文献

［1］姜师立. 中国大运河文化的内涵、特征及分类研究［J］. 中国名城，2019（2）：82-87.

［2］姜师立. 运河学的概念、内涵、研究方法及路径［J］. 中国名城，2018（7）：71-79.

［3］西青区杨柳青大运河国家文化公园项目建设工作指挥部，杨鸣起，冯立. 西青大运河诗钞［M］. 天津：天津人民出版社，2021.

［4］李桂强. 运河明珠：杨柳青大运河国家文化公园历史文化采珍［M］. 天津：天津人民出版社，2021.

［5］梁天卓. 大运河国家文化公园的思想政治教育价值［J］. 北京教育（德育），2022（2）：66-70.

［6］冯立，方博. 运河沿岸西青文脉［M］. 天津：天津人民出版社，2020.

［7］张翠英. 大运河文化［M］. 北京：首都经济贸易大学出版社，2019.

［8］姜师立. 大运河文化的传承与创新［M］. 南京：江苏凤凰科学技术出版社，2020.

［9］陈璧显. 中国大运河史［M］. 北京：中华书局，2002.

［10］安作璋. 中国运河文化史上［M］. 济南：山东教育出版社，2001.

［11］姜师立. 大运河历史文脉与国家形象文化基因研究［J］. 中国名城，2022，36（1）：85-91.

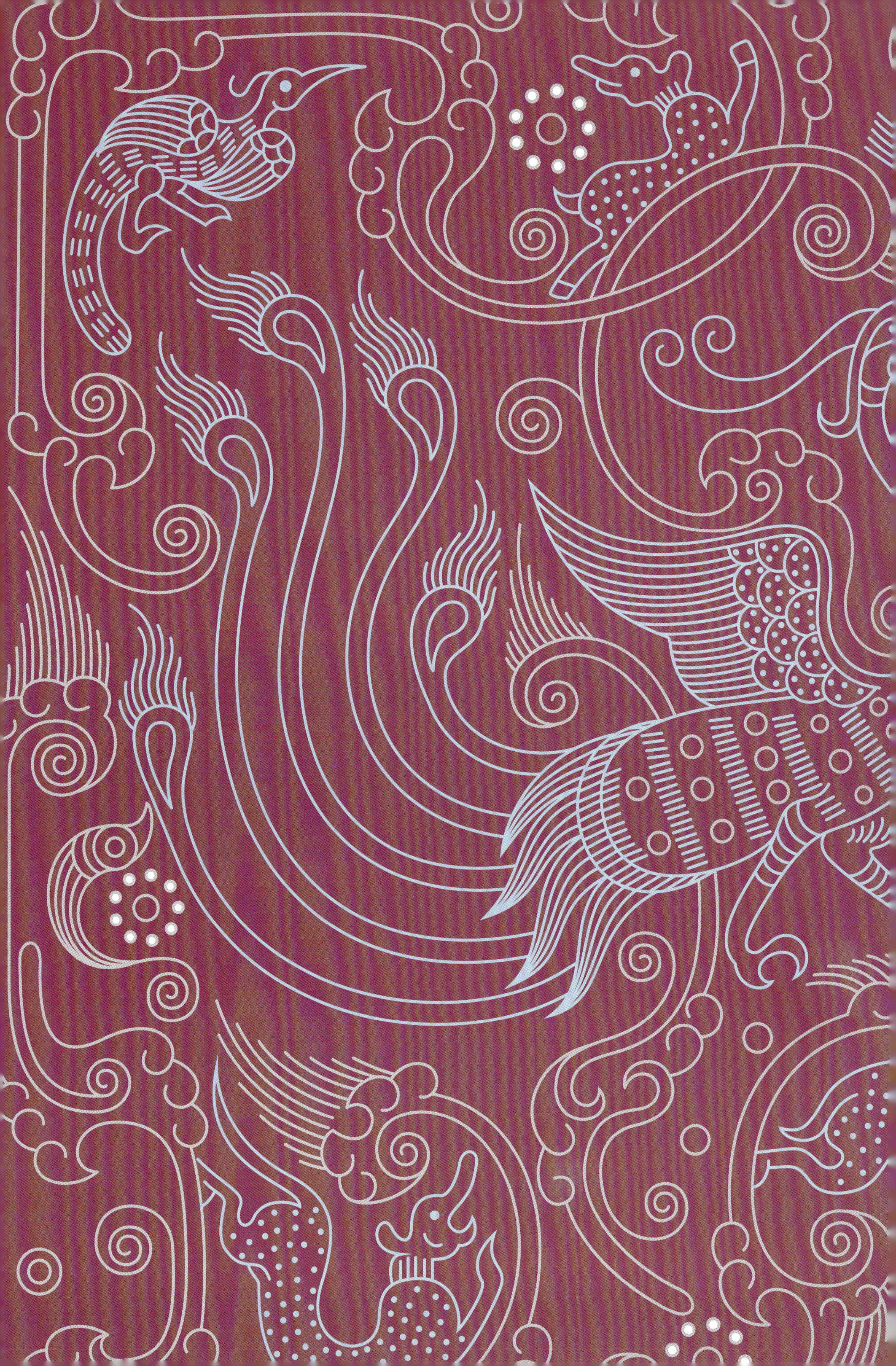

第七章

天津茶楼文化

茶楼（又称茶园）是早期戏剧演出场所，也是各界人士交流的沙龙，极富地方特色。天津作为中国北方的"曲艺之乡"，戏曲种类繁多、流派纷呈，其蕴含的茶楼文化可以追溯到清代，萌芽于道光年间，在光绪年间（1871~1908年）开始兴盛，并随着近代戏剧以及曲艺等艺术形式在天津的发展而不断传承和创新。2009年，"天津茶楼文化"入选天津市非物质文化遗产名录（表7-1），具有百余年历史的元升茶楼作为天津茶楼文化的代表，也成为天津市非物质文化遗产保护单位，并于2014年被授予南开区振兴曲艺示范基地、2015年被授予南开区非物质文化遗产代表性项目名录活态传承基地（图7-1）。

表7-1 天津茶楼文化项目简介

名录名称	名录级别	申报单位或地区
天津茶楼文化	市级	元升茶楼

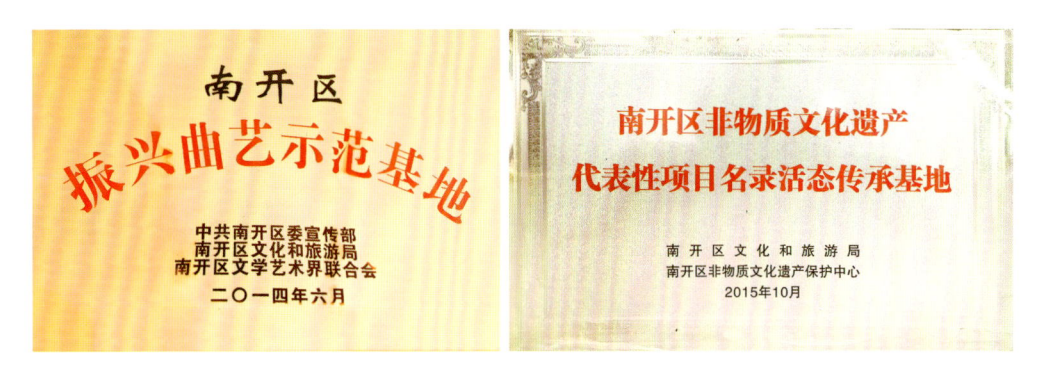

图7-1 元升茶楼传承基地牌匾

第一节 起源与演进

一、风俗的起源

天津茶楼文化历经了发展、衰落乃至停滞，并在改革开放后得到恢复并延续至今（图7-2）。

萌芽	兴盛	发展	衰落	停滞	恢复
清道光年间（1821~1850年）	清光绪年间（1871~1908年）	民国时期（1912~1949年）	20世纪50~60年代中期	60年代中期至改革开放前	改革开放后至今

图7-2　天津茶楼文化的发展历程

（一）茶园的兴起

天津的茶楼最早出现于清道光年间（1821~1850年），又称为茶园或戏园子，当时天津没有专门的戏院，想听戏都得去茶园。

茶园中搭建戏台，戏台下即是观众席，陈设有八仙桌和木板凳，每桌可坐六人，朝向戏台的一面空着，观众围桌而坐，侧脸看戏。茶园里也按照戏台的规矩，忌用蜡烛，因而每天只安排日场表演，没有夜间演出。如果是遇到冬日天短之时，也会遇到戏未演完却临近天黑的情况，这时便会点燃亮子油松等物以代替蜡烛，戏台上下烟雾缭绕、光线昏暗。清朝时期茶园主要以卖茶为主，戏曲表演只是招揽顾客的方式。因此，茶园提供茶具和茶水，观众喝茶看戏，茶园收茶钱代戏资（图7-3）。

图7-3　天津早期茶园演出旧照
图片来源：百度百科

道光初年，很多唱戏表演的固定场所就已经出现在天津老城，甚至"赛"过京城。《津门百咏》的作者崔旭曾深有感触："戏园七处赛京城，纨绔逢场各有情。若问儿家住何处，家家门外有堂名。"他还在诗文旁标注："戏园起于近年，伶人寓此者五十余家。"可见数量之多。

（二）享誉津门的四大茶园

光绪年间（1875~1908年），天津开始大力发展经济，商贾众多，由此催生了一些设施完善、设备先进的茶园。梆子和皮黄是早期茶园常演常新的剧种，也有少量昆曲。得益于京津两地梨园人才和名伶名家的大量涌现，使天津茶园的演出也备受欢迎。这时，茶园的功能已经发生了第一次变化，逐渐演变为早期的戏院。茶客来茶园也从"喝茶"开始向"听戏"转变。

享誉津门的四大茶园也是在这个时期出现的，它们是北门里元升园的"金声茶园"、东马路袜子胡同的"庆芳茶园"、北大关金华桥南的"袭胜茶园"、侯家后北口路西的"协盛茶园"（表7-2）。这些茶园规模适中，每座茶园可同时容纳三四百名观众，茶园里演出剧目各有千秋，名角名伶争奇斗艳。如今，四大茶园中的金声茶园和庆芳茶园都在原址进行了修复或重建。

表7-2 津门四大茶园

名称	曾名或别名	坐落地点	是否尚存
金声茶园	元升茶楼、中天仙	北门里元升园、鼓楼北路东第一条胡同	原址修复
庆芳茶园	阖津会馆、上天仙	东马路袜子胡同，今水阁大街袜子胡同	原址修复
袭胜茶园	西天仙	北大关金华桥南	否
协盛茶园	龙海茶园	侯家后北口路西	否

津门四大茶园中以金声茶园（图7-4）最负盛名，金声茶园规模虽小，却占据天时地利：茶园距离县衙不远，附近还驻有长芦盐运使署。因而，很多达官显贵都喜欢来此看戏消遣，只要茶园的戏好、角儿好，他们都会出手阔绰，重金消费。有了这些"金主"撑腰，茶园老板自然愿意花大价钱邀请孙菊仙、汪桂芬等名伶登台演出。

图7-4 元升茶楼（原金声茶园）外景

（三）争胜津城的"五大天仙"

天津早期戏园常用"天仙"来命名，那时，位于海河西岸荣吉街建有"天仙茶园"（图7-5），因此，之后再建或改建的新戏园通常冠以"上""下""东""西"等表示方位的字，组成了争胜津城的"五大天仙"。

图7-5 天仙茶园旧照

图片来源：赵绪昕，新时期天津京剧茶园文化，网易

光绪十六年（1890年），位于河北区大马路的"东天仙戏园"一经建成便成为当时天津最大戏园。到了清朝末年，茶园间一时相习成风，彼此争胜，随着金声、袭胜、庆芳等四大茶园陆续改建更名，最早建成的天仙茶园也进一步改建，更名为"下天仙戏园"。至此，"五大天仙"全部落成（图7-6）。

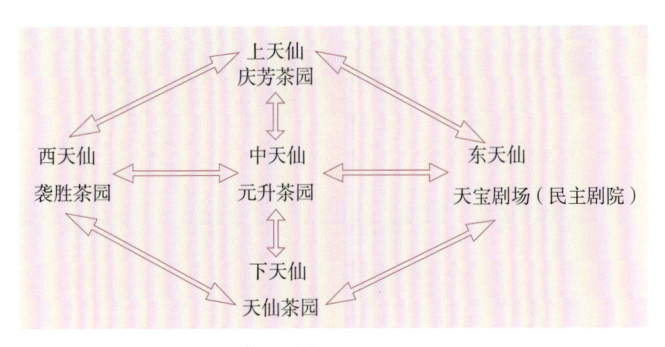

图7-6 津城"五大天仙"彼此争胜

其中，东天仙戏园规模最为宏大，建筑面积逾2300平方米，最多可同时接待一千余名观众。戏园分为上下两层，是砖木结构的建筑，楼上是包间雅座，每间容纳顾客8～10人，根据位置、环境不同分为两级，一级25个、二级30个；楼下则为大厅散座，条凳摆放其中，实行男女分座。东天仙戏园建成后，一度成为津城最上座的戏园，众多名角悉数登场，民国初年，梅兰芳还曾在此上演《樊江关》《御碑亭》等经典曲目。经考证，东天仙在历史上经过了多次重建改名（图7-7）。

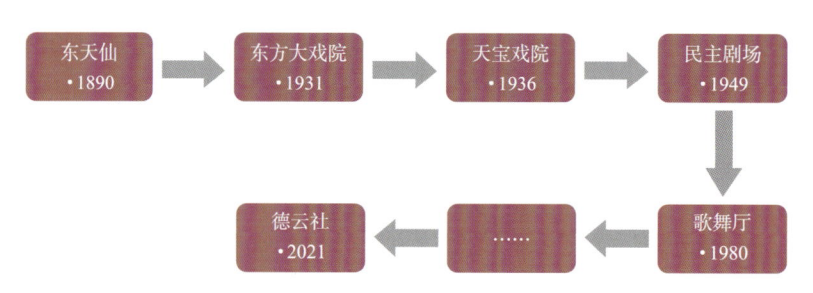

图7-7　东天仙茶园的历史变迁

尤其是在20世纪80年代，这座建筑曾被改建成歌舞厅、影剧院、俱乐部（图7-8），直至破败荒废。2020年5月，东天仙旧址被天津市认定为市级文物保护单位（图7-9）。次年5月，天津首家"德云社"在东天仙戏园旧址落户，给这座八十多年历史的老建筑注入了新活力，也让天津这座曲艺之乡焕发出了新的光彩（图7-10）。

图7-8　东天仙戏园曾被改建为歌舞厅
图片来源：旧津风情：从四大茶园到五大"天仙"，搜狐网

（四）红极一时的茶楼四轩

清末民初，在茶园发展的基础上，天津又陆续出现"茶楼四轩"，即三德轩、四合

图7-9　东天仙戏园的文物保护单位碑刻

图7-10　天津德云社

图片来源：天津首家德云社，选址东天仙戏园，这个地方有点故事，今日头条

轩、东来轩和天会轩。这些茶楼以评书、鼓曲为主要表演形式，演出者多为女艺人，可谓红极一时。由于商业主导，有很多无名里巷都由其附近商号名称命名，也派生出诸多由茶园、茶社命名的里巷名（表7-3），足见茶楼对天津经济社会发展的影响之大。

表7-3　由茶园、茶社命名的里巷

所在街道	胡同名	坐落于此的茶楼
北门内大街	元升茶园胡同	元升茶园
侯家后中街	三德轩胡同	三德轩茶楼
西门内大街	会友轩胡同	会友轩茶楼
荣业大街交口	玉林村胡同	玉林村茶楼
和平路	同庆后胡同	同庆茶园
荣吉大街	华林后胡同	华林茶园
东兴大街	群英后胡同	群英茶社

二、风俗的演进

（一）茶园功能的三次演变

茶园在天津城区分布广泛，数量也有上百个之多，由此形成的茶园式小剧场与戏园式大剧场相辅相成，是承载平民百姓文化生活的重要场所，深受民众喜爱。自19世纪50~60年代，天津茶园在前一百多年的发展传承过程中，其功能的演变与戏剧及剧场发展密不可分，在经过一段时期的停滞后，于改革开放之后继续得以传承与发展。茶楼主要功能共经历了四个变化阶段（表7-4）。

表7-4　天津茶园功能的四次演变

阶段	时间节点	标志	茶园主要功能的变化
第一次变化	19世纪70年代	戏曲等文娱演出开始进入茶园	茶园从品茗饮茶、会客聊天变为以观赏文娱演出为主的场所
第二次变化	19世纪末叶	戏剧表演从茶园转移到专业剧场	茶园从戏剧剧场变为以表演曲艺、杂耍、相声、评书等为主的场所
第三次变化	20世纪50年代中后期	逐渐取消饮茶的营业服务项目	茶园成为只有演出而无饮茶的小剧场
第四次变化	改革开放后至今	茶楼经营项目更加多元	茶楼成为集休闲、娱乐、餐饮于一体的场所，并逐渐拓展为新型的文化空间

起初，顾客来到茶园的目的主要是品茗饮茶或会客聊天等。到了19世纪70年代，随着戏曲等文娱演出逐渐进入茶园，茶园为了吸引顾客，通常会选择本地人喜爱的戏曲节目作为演出剧目。这时，茶园功能就发生了第一次变化，即人们光顾茶园不单单是为了喝茶，更主要是为了观看文娱表演。尽管如此，这个时期茶园并不收取看戏钱，依然只收取茶资。"戏好、角儿好、水好、茶叶好"成为天津茶园独特的文化氛围。

到了19世纪末，天津的茶园行业兴盛，"四大茶园"出现。但随着越来越多专业剧场的建立，上规模、上档次的戏曲演出逐步转移至大剧场，老茶园依然提供茶水等服务项目，但是规模却继续缩减，茶园功能也在此时发生了第二次变化，逐渐变成以表演杂耍、相声、评书等为主的场所。

进入20世纪50年代中后期，天津老茶园在数量上进一步减少，为茶客提供的饮茶服务也逐步取消，于是，茶园功能也随之发生了第三次转变，成为只有演出而无饮茶的小剧场。这种模式持续到60年代中期，随着为数不多的老茶园消失殆尽，延续百余年的天津茶园文化在此时按下了"暂停键"。

改革开放以来,随着经济社会发展与人民群众物质生活水平的不断提高,人们对于精神文化的需求也迅速增长,在此背景下,天津茶馆行业日益恢复,茶楼经营项目也更加多元,逐步发展成为集休闲、娱乐、餐饮于一体的场所,并逐渐拓展为新型的文化空间。

(二)表演形式的多元发展

天津茶楼根植于艺术文化沃土,戏剧、曲艺等多种表演形式极大地丰富了茶楼文化的内涵。自古至今,活跃在天津茶楼的表演形式主要包括戏曲和说唱曲艺两种类型(表7-5)。

表7-5 天津茶楼的表演形式

表演形式	代表剧种
戏曲	北方剧种:京剧、河北梆子、评剧等 南方剧种:越剧、昆曲等
说唱曲艺	相声、评书、快板及各种北方鼓曲

随着茶园小剧场文化的日益兴盛,孙菊仙、汪桂芬、谭培鑫(图7-11)等梨园前辈也纷纷进入天津茶楼登台献艺。后来随着专业剧场相继建立,老茶园的艺术形式也从戏剧表演逐渐转变为以相声、评书、快板及各种北方鼓曲为主的说唱曲艺。

图7-11 梨园前辈(从左至右依次为孙菊仙、汪桂芬、谭培鑫)

如今,喝壶茶、听个曲儿、嗑点瓜子、听段相声,这样清闲悠然的场景几乎每天都在天津茶楼上演,绵延百年的生活习惯也在这座中西文化交融的城市得到延续,并逐步演变为茶楼文化,成为天津市级非物质文化遗产。随着茶楼文化的普及,到茶楼里喝茶听曲儿不再只是老天津人的爱好,也逐渐成为当代年轻人追求的新时尚;甚至还有众多游客或曲艺爱好者，为了能够现场观看一场正宗的天津相声，不远千里，奔赴此地相聚，足见天津茶楼文化的吸引力和影响力（图7-12）。

图7-12　年轻人在茶馆欣赏相声表演

（三）经营方式的不断创新

早期，天津茶楼一般以卖茶水为主，以说唱评书、鼓书为辅，经营收入主要来自茶资，再从中提成酬劳给说书人。除此之外，也有部分收入来自观众购买花篮（有经济实力的观众为鼓励演员自费购买）的分成。通常，门票收入全部归茶楼所有，花篮收入则在茶楼、演员和乐队之间按照比例进行分成。

如今，天津的茶楼一般按照座位的位置分区出售门票，可在线上或线下购票，茶水、小吃、果盘等都可根据需要另外购买。具有百年传承的元升茶楼，不仅相声、京剧、鼓曲等表演节目内容丰富多彩（图7-13），在点亮"夜经济"助力城市消费提档升

图7-13　元升茶楼内丰富多彩的曲艺表演

级的背景下，还不断创新运营模式，将饮食与茶园相结合，并融合了时下最热门的"烧烤"元素（图7-14），让顾客可以在茶楼里边看表演边吃烧烤。元升茶楼广泛借助自媒体进行宣传（图7-15），受到大众的欢迎与喜爱。

图7-14　元升茶楼外立起的"元升烧烤"招牌

边吃烧烤边听相声，这家茶楼厉害了　　能听相声能撸串　　在茶楼里吃烤串您试过吗 五一去哪儿吃 在茶楼里吃　　嗑着瓜子看相声

图7-15　元升茶楼的探店视频

第二节　内容与程式

京津地区自古地缘相接、人缘相亲，天津的老城茶楼也受到北京茶馆文化的影响，更保留了津沽文化特征，从而形成了独具特色的津城茶楼文化。

一、看戏为主，品茗为辅

茶楼因其特有的空间模式成为天津曲艺演出及各界人士交流的沙龙和文化场所，因此，喝茶并非人们光顾天津茶楼的目的，欣赏各种文娱演出、会客交友才是主要原因。与国内其他地区的茶馆文化相比，老天津人讲究"一日三茶"，因此，天津茶楼具有用茶量较大、以娱乐休闲为主的特点（表7-6）。

表7-6　我国代表性茶馆文化

类型	代表城市	内涵	特点
福建茶馆	福州、厦门	在空间软装布置上都弱化其商业性，着力打造雅致文化生活氛围	闽式乌龙茶艺表演
广州茶楼	广州	茶楼富贵气派，吃早餐又叫吃早茶	茶中有饭，饭中有茶
四川茶馆	成都	成都人不能一日无茶，坐茶馆是他们生活的组成部分	遍布大小巷
杭州茶室	杭州	讲究名茶（西湖龙井）配名水，贵在一个"真"字	"仙气""佛气"与"儒雅"并存
上海孵茶馆	上海	到茶馆暂借清闲的心境	闹中取静
天津茶楼	天津	用茶量大，卖茶兼有各种小吃及曲艺表演，文化气氛不突出	娱乐休闲
北京茶馆	北京	种类繁多，就形成而言，分大茶馆、清茶馆、书茶馆、贰茶铺、野茶馆	可以满足各种需求

二、分层分级，雅俗共赏

清朝时期的天津茶楼规模都不算大，但根据规模大小、设施优劣、观众层次，可分为三种类型，即高雅型、流俗型、雅俗共赏型（表7-7）。

表7-7　清朝时期天津茶楼的三种类型

茶楼类型	茶楼规模	设施	观众层次
高雅型	可容纳二三百人	观众席前排是茶桌，后排是条凳，有茶房来回穿梭，随时为客人沏茶倒水、送水果等，每场间隙有人负责做卫生，环境较好	各界名流、文人墨客、绅商富户、学校教员、医师和公司职员等
流俗型	可容纳八九十人	简单的席棚，冬天透风，夏天漏雨，棚内除戏台以外，全是顺排的四条腿长板凳，台口左右有两条长凳	听众比较复杂，行业、爱好、性格各有不同，有工人、小贩，更有"地头蛇""坐地虎"和一些游手好闲的无业游民等
雅俗共赏型	介于两者之间	介于两者之间	介于两者之间

三、曲艺沃土，异彩纷呈

近现代以来，天津曲艺文化繁荣发展，评书、相声、时调、大鼓等曲艺表演形式都在天津得到很大发展。天津有众多专业艺术院团，京剧、评剧演员在传统戏曲演出方面也颇具造诣，而且擅长河北梆子、天津时调、津味传统相声、骆派京韵大鼓、李派快板书等传统曲艺节目的艺人也不少，因此，茶楼在不断繁荣天津古城和周边地区人们文化生活的同时，也成为艺术人才培养与发展的一片沃土，为天津文艺市场的发展做出了重要贡献。

以元升茶楼为例，其节目形式多样，不仅有京剧、评剧、梆子等名家荟萃，相声评书等说唱曲艺的表演也都精心编排，可谓常演常新。例如，在元升茶楼上演的陈派评书《胭脂》，是改写自《聊斋志异》里的一段故事。原来的故事只有4000多字，但经过演员的改编，演绎串联成一出30回的评书表演，故事情节跌宕起伏，其叙事技巧也十分耐人寻味；而传统的相声表演，如《对春联》《文章会》等，演员运用大段的贯口技巧，加上极富幽默的表演风格，都与天津人的欣赏习惯十分契合，广受好评。

此外，天津茶楼也非常注重艺术文化交流与人才培养，不但有本地初出茅庐的优秀青年艺人的精心之作（图7-16），而且经常邀请北京的艺人同台献艺。有不少从曲艺团退休的老艺人与曲艺学校刚毕业的年轻学员自由搭帮，老少结合，薪火相传。

（a） （b）

图7-16 青年演员登台表演

四、元升茶楼的"前世今生"

数百年来，天津茶楼文化已然成为津门社会文化生活的重要内容，以元升茶楼最具代表性。元升茶楼建成以来经过历史岁月和战火洗礼，始终伫立在天津市北门里的元升胡同，延续至今。2001年，天津市南开区房管局为了更好地保护历史建筑，接手了元升旧址，并斥资进行修缮，命名为"元升茶楼"，重新营业。

（一）"前世"

元升茶楼的前身为建于晚清时期的金声茶园，在清末民初期间迎来鼎盛的"黄金时代"，沾地利之光，社会声望与营业收入均超过其他几家名园，并以首开男女同台演出之先河而享誉津门。

1900年，天津遭受八国联军入侵，城里的大小商户均损失惨重，金声茶园也未能幸免。此后再次易主，经修缮重新开业，更名为元升茶园。随着新式戏园在天津兴起，元升茶园也元气大伤，其间几经易主，曾用过景春、景转、中天仙、福仙等名，可经营始终不见起色，最终在1931年时宣布倒闭。茶园倒闭后被一分为二，或用作木材厂，或用作仓库，昔日四大名园的光辉也在此时消散殆尽。

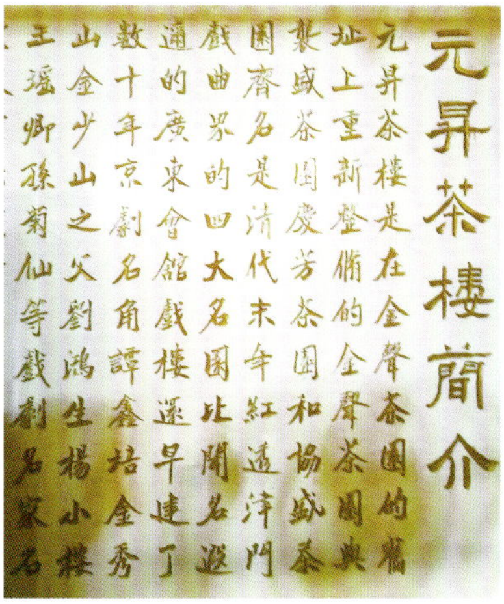

元升茶楼内墙上镌刻的茶楼简介记录着茶楼的历史和曾经的辉煌："元升茶楼是在金声茶园的旧址上重新整修的，金声茶园与袭盛茶园、庆芳茶园和协盛茶园齐名，是清代末年红透津门戏曲界的四大名园，比闻名遐迩的广东会馆戏楼还早建立了数十年。"（图7-17），并悉数列举了曾来茶楼表演的谭培鑫、金秀山等戏剧名家。

图7-17 元升茶楼内悬挂的简介

（二）"今生"

元升茶楼如今依然坐落在鼓楼商业街北侧，大门向西，二层砖木结构，古色古香，正门两侧书有"百年茗园津门重展现、一代儿女老城谱新篇"的楹联；迈两层台阶走进茶楼即为大堂，上有罩棚，供顾客听戏、品茶；东、南、北三面提供了带有隔断的包间；大堂的西南角为木制中式楼梯，整体建筑呈长方形。青瓦楼台、朱廊画壁，古香古色，颇具清末民初戏曲老茶园的特色（图7-18）。

2001年以来，经重新修复焕发新生的元升茶楼，以传承天津茶楼文化为宗旨，将品茗交流、曲艺演出及餐饮娱乐通过现代经营手段融为一体，着力打造开放的文化空间和文化地标，古今交融，尽显天津"戏曲之乡"的风采。茶楼有专门的演出团队，时常组织传统的戏剧和曲艺演出，名家荟萃、异彩纷呈，同时茶楼还积极参与老城乡文旅融合发展，相继开展了以"老城津韵在元升""古玩鉴赏会""票友沙龙"等系列文化活动，焕发出新的生机与活力。

（a）　　　　　　　　　　（b）

图7-18　元升茶楼内景

第三节　风俗趣事

一、《庆赏元宵》引茶园更名

"金声茶园"在改名为"元升茶楼"时发生过一个非常有趣的故事。据说在光绪末年（1908年）的一天，有个位高权重的王爷自京城慕名到此茶场听戏。茶园店主见是京城贵宾，非常重视，不但嘱咐伙计们悉心服务，还特地请来了园内最红的京剧艺人演出了《庆赏元宵》这出戏。

这个听戏的王爷也很懂行，作为"资深"的京剧爱好者，他曾多次观看过这出戏，所以对演员唱腔、伴奏搭配、情节设定、舞台设置等方面都颇有研究。尽管如此，王爷仍然对在金声茶园上演的这出《庆赏元宵》赞赏有加，甚至越听越兴奋。演出结束后，他饶有兴致地吟诵了一副对联，上联是"元气转鸿钧，如闻盛世元音，俾孝子忠臣各存元善"，下联是"升高调风琬，自有闲庭升步，合来今古往永庆升平"，并说道："（这出戏的曲牌）还是叫《庆赏元升》好！"

当时，等候在旁的茶园老板立即明白了王爷话中深意，于是，立刻吩咐茶园管事将这出戏报幕的曲牌名改为《庆赏元升》，同时，借着这句话的一语双关之意，把茶园名从"金声"改为"元升"。更名后的元升茶楼很快在津门茶园业中独占鳌头。

二、京剧票房"雅韵国风"

清康熙年间，随着长芦巡盐御史署、长芦都转盐运司相继迁入，天津成为长芦盐区的管理中心。经济富足的盐商蜂拥迁入津门，客观上促进了天津地域文化的发展。光绪年间，"雅韵国风"票房由盐商窦砚峰、王君直等京剧艺术爱好者创办，初建时地址在南市清平巷，后移到北门里的元升茶楼，雅韵国风社以人才济济、水平出众在天津、北京乃至华北各地享有颇高声誉，为京剧艺术的普及推广和人才输送发挥了重要作用。图7-19所示为华世奎先生为雅韵国风社题写的社名。

据说，当时"伶界大王"谭鑫培的亲传弟子余叔岩（图7-20）十一二岁时，正值嗓子变声期，常常在元升茶楼玩票（即演戏）。每当余叔岩来茶园演出的时候，老板都会邀请票界翘楚王君直在后台为他指导，尤其在唱念方面给予了余叔岩非常大的帮助，此后，王君直还曾将自己的琴师李佩卿推荐给余叔岩。后来，尽管余叔岩成了享誉全国的京剧老生，但他依然念念不忘在元升茶楼时期与王君直结下的这段珍贵的师徒情谊。

图7-19　华世奎先生为雅韵国风社题写的社名

图7-20　余叔岩（1890—1943）

三、担道义，献爱心

"雅韵国风"票房移到元升茶楼后，还上演了很多义务戏，为灾民赈灾筹款。1917年，天津遭受了非常严重的水灾，眼看众多老百姓因水灾无家可归、流离失所，"雅韵国风"票房主动作为，操办义务戏，并率先在《大公报》发出倡议："兹假升平茶园于阴历十四、十五日晚、十六日早晚演唱义务戏，以戏价作为赈捐；敦请王颂臣、孙公讷、窦砚峰、王君直、吕幼才、陈梦九诸君逐日登场。并邀升平原有各艺员，及各园超等艺员登场，望各界大善士届时往聆雅奏，以襄善举。所收戏价，尽数送交警务处，施放灾区。"同时，还郑重声明："所有一切费用，概由发起人完全担任，当场并不劝捐。""雅韵国风"票房操办了四场义务戏，累计为灾民送去了4700余元捐款，彰显出担道义、献爱心的家国情怀（图7-21）。

图7-21　清末民初的京剧旧照

图片来源：津门述往·天津最早的票房票友，简书

第四节　经典场景

一、戏台与演员

（一）戏台

戏台是戏曲演员登台表演的场地，它作为茶楼文化空间的重要组成部分，历经百余年传承至今。茶楼里的戏台很有特点，通常在茶楼或茶园的大堂直接搭建，一般是三面凸式结构，在台口的两旁立着两根柱子，由于空间有限，戏台没有幕帘和后台，演员们直接在戏台的左右两侧候场。

戏台左右两侧各有"出将""入相"的门帘，前者是指演员从后台出来上台亮相唱戏的门；后者则是指演员唱完一出戏回后台的门（图7-22）。之所以把这两个门取这样的名字，主要有两个原因：一方面是传统戏曲多以历史故事为题材，在角色的塑造上以文臣、武将、王侯或君主为主要人物；另一方面，把登台的演员和看戏的观众比作将相，意在讨一个好彩头。

图7-22 元升茶楼戏台上左右两侧的门帘

（二）演员

元升茶楼的"雅韵国风"票房成立以后，吸引了一众名角名票前来捧场，经常高朋满座。尤其是在天津票界翘楚王君直的推动下，票友出身的"京胡圣手"陈彦衡、内廷供奉孙菊仙、武生名角薛凤池等人，早期都曾在这里与同行切磋技艺。此外，京剧汪派著名老生汪桂芬，著名武生杨小楼，昆曲演员陶显庭、郝振基、侯水奎等都在这座茶楼中演出过。20世纪20年代，到元升茶楼听戏成为一种时尚，著名京剧老生安舒元也在此时走红，不仅如此，自成一派的河北梆子艺人金刚钻、坤角名家筱爱茹等均在此登台亮相。

20世纪30年代后，随着评剧表演的日趋成熟，元升茶楼又引入了许多有口皆碑的剧目，众多评剧名家，如李金顺、刘翠霞、白玉霜等都在此登台表演。名角名家的精彩演出活动，对戏剧艺术在天津的普及和发展发挥了重要作用，奠定了天津成为全国"戏曲码头"的基础，也把元升茶楼推向了全盛时代。

二、观众席与茶客

（一）观众席

戏台下即是观众席，便于观众与演员的近距离交流互动。早期的观众席陈设有八仙桌和木板凳，每桌可坐六人，朝向戏台的一面空着，观众围着八仙桌相对而坐，侧脸看戏。如今茶楼里的观众席一般是单独的椅子，一桌六椅，面向戏台摆放，观众可正脸看戏，更加舒适（图7-23），还有一些包间雅座供顾客选择。

图7-23　元升茶楼戏台下的观众席

（二）茶客

早期茶园里的茶客有若干类型。一种是饱食终日、游手好闲之辈，这些人或提笼架鸟，或腰里别着鹌鹑，怀中揣着蝈蝈、蛐蛐、油葫芦之类，到这里就是喝茶、聊天、消磨时光。另一种则是有目的的，有跑和拉纤的，来这里寻求买主或卖主；有泥瓦匠、油漆工等手艺人，来这里等待雇主；还有一些古玩商、旧书商甚至收破烂的，来这里沟通行情，商量买卖，然后在外面成交。

如今市民和游客成为光顾茶园的主力。因此，为了迎合大众需求，许多茶楼会根据观众群体安排不同的演出。比如，平日上午，老城里一些退休后的老先生、老太太闲来无事，多聚集在茶楼喝茶听曲儿打发时间；到了中午，茶楼往往会安排评书、大鼓以及票友联谊等；周末和晚上是最热闹的，老中青三代相声演员悉数登台献艺，吸引年轻人及众多游客慕名而来，感受津味文化。当然，也有许多茶艺或者茶饮爱好者为了品茶论道而来，他们在声声锣鼓的节奏韵律中品味茶香，感受着传统文化的独特魅力。

第五节　文化传承

天津素有戏曲"南北交汇的大码头""北方曲艺之乡""歌手摇篮"之称，老城茶楼成为汇聚外来文化元素和本土民俗民风最重要的空间载体。目前，天津市区大约有几十家茶园，除了元升茶楼、庆芳茶园等老茶园，还有名流茶馆、老城小梨园、同悦兴茶社等茶楼新生力量，这些茶楼也秉承饮茶与曲艺并存的历史习俗，并进一步融合创新，展现出独特的天津茶楼文化。

一、老茶园的保护与传承

天津茶楼在历经繁荣、衰落、再发展的过程之后，社会各界人士对茶楼这种大众休闲娱乐的场所依旧呈现出一份独有的喜爱，究其原因就在于天津茶楼依然秉承戏园与茶园融为一体的运营方式，保留旧时传统的同时，演出剧目也常演常新。元升茶楼、庆芳茶园等老城茶园就是在保护传统文化的时代潮流下焕发出新的生机，成为历史文化的网红打卡新地标。

（一）元升茶楼

元升茶楼历史悠久，是旧址复建的仿古茶园，被称作天津老城风俗遗存的"活化石"，百年间见证了曲艺文化的发展传承。其"前世今生"已在前文进行了详细介绍，在此不作赘述。目前，天津市以元升茶楼为代表的很多茶社不仅仅作为企业在运营，更重要的是它们为戏曲艺术提供了更加适宜的演出场所，为传统文化市场培养了更多年轻的观众，对全面展示中国传统戏曲文化、传承非物质文化遗产起到了非常重要的推动作用（图7-24）。

图7-24　元升茶楼演出现场

（二）庆芳茶园

2019年，作为城市历史文化保护重点单位，原址位于古文化街袜子胡同的庆芳茶

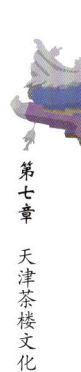

园得到重新修建，现茶园内珍藏有文物四十余件，并力求通过文物来述说历史。在茶园重建过程中，坚持幽雅古朴的建筑原貌，修旧如旧，于2019年10月开张，康万生、李莉、何佩森、吴广江等名家纷纷登台献艺庆贺（图7-25）。

图7-25　2019年庆芳茶园再度开张，名家纷纷登台献艺庆贺
图片来源：庆芳茶园重建开张，今晚报，中工网

庆芳茶园还有一副对联流传至今，很多茶楼仍在沿用，上联为"生旦净丑巧扮万象世界"，下联为"说学逗唱妙论百味人生"。其中，"生旦净丑"指的是京剧等戏曲表演形式，"说学逗唱"是指相声等曲艺表演形式，这副对联也反映出，庆芳茶园的演出不光有戏曲，也有曲艺，是传承茶楼文化的历史见证。

二、茶楼新生力量

（一）名流茶馆

名流茶馆成立于1991年，是改革开放以来天津茶馆行业复苏后的第一家相声茶馆。目前名流茶馆共有四家分号，采用连锁经营的模式，借助各分店的地理优势，着力打造"天津新文化"品牌。2010年10月，名流茶馆还入选了国家重点文化旅游演出项目名录。

名流茶馆每天可接待市内外观众千余人次，成为展示天津传统艺术的重要窗口（图7-26）。我国多位国宝级的老艺术家也都非常认可名流茶馆对传统曲艺及相声的这份坚守。曲艺名家骆玉笙曾多次跟茶馆的于承艳总经理说："你一个外行，竟然把名流茶馆做起来了，连我的徒弟都在你这儿演出，你真是为咱天津曲艺争了光。"相声宗师马三立先生还亲笔为名流茶馆题写了牌匾；央视《艺术人生》栏目也将镜头对准名流茶馆,在此拍摄了曲艺专题,足见其在曲艺界的影响力。

图7-26 名流茶馆

(二)老城小梨园

老城小梨园成立于2009年,坐落在天津老城博物馆内。茶楼内部装饰典雅,具有传统民居的风格与特色,面积约200平方米,可同时接纳百余名观众。老城小梨园属于津派相声茶馆,相声演出团有20多人,由已故著名相声泰斗张寿臣之子张立林担当艺术指导。

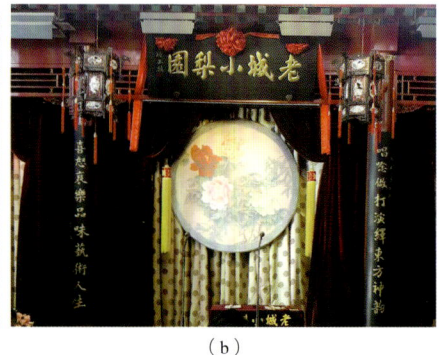

作为天津地区首家建于博物馆内的曲艺场所,老城小梨园具有无可复制的区域地理位置优势,是将历史文物建筑与戏剧文化完美交融的创举。茶楼定位为天津地区高品位地展示戏曲文化精髓的场所,集传统的京剧、评剧、说唱曲艺、相声于一体,已成为"老城津韵"旅游版块的新亮点(图7-27)。

图7-27 老城小梨园

（三）同悦兴茶社

同悦兴茶社成立于2015年，坐落在天津市南开区鼓楼街道城厢东路与北马路交口，是在四大名园之一袭胜茶园旧址上重建的。茶社秉承传统的中式格调装潢，典雅的方桌木椅，古色古香（图7-28）。其表演形式以众多相声团体表演为主，2018年成立的由著名相声表演艺术家杨少华和杨议父子领衔的杨光相声社就在此表演。在此还可以欣赏到京剧、梅花大鼓、京韵大鼓、西河大鼓、评剧等各种曲艺名家的精湛演出。

图7-28　同悦兴茶社

三、困境与机遇并存

随着经济社会的快速发展和时代的不断变迁，历史底蕴深厚的茶楼文化也受到一定程度的冲击。

一是观众群体的日益分散。历史上，天津茶楼主要分布在市内南开区、红桥区、和平区等老城区，常安排戏剧、曲艺的专业和业余演员们参加演出，拥有较为固定的观众。但随着城市大规模改造，原来推崇茶园文化的观众群体已逐渐分散到全市不同区域。

二是受到"快餐文化"的冲击。如今，剧场、影院等现代化的娱乐场所不断增多，短视频、自媒体等线上快节奏、直观化的"快餐文化"显然更趋于现代人的生活节奏，导致"茶楼"这种传统休闲方式受到巨大冲击。

三是文化传承人员缺失。尽管传承人群是研究非物质文化遗产传承与发展的重要载体，但遗憾的是，随着见证过茶楼古往今来的老先生们相继离世，茶楼历史文化的传承遇到一定困难。

在此背景下，茶楼文化的传承与发展更需要得到社会的关注与支持。尤其以元升茶楼为代表的这些在旧址上复原的老茶园，不仅具有一定的建筑文化研究价值，而且对于天津民众社会文化心理和消费心理的研究具有重要意义。因此社会各界需要认真研究天津茶楼中的历史文化价值，高度重视茶楼文化的非物质文化遗产活态传承路径，实现茶楼文化的传承和发展。

参考文献

［1］汪洁.享誉津门的元升茶楼［J］.寻根，2020（3）：138-142.

［2］盐商票房"雅韵国风社"［N］.今晚报，2012-08-08.

［3］天津早期戏园：茶馆演化而来［N］.今晚报，2015-07-20.

［4］庆芳茶园重建开张［N］.今晚报，2019-10-22.

［5］谭汝为.天津地名考040：茶园、戏院地名［Z/OL］//网罗天津卫［2023-10-20］.个人图书馆.

［6］甄光俊.庆芳茶园与泰庆恒班［Z/OL］//天津设卫筑城600周年　天津建城600年历史文化篇·天津地理名考［2023-10-20］.北方网.

［7］甄光俊.从天津的四大名园说起［Z/OL］//天津设卫筑城600周年　天津建城600年历史文化篇·天津地理名考［2023-10-20］.北方网.

［8］赵绪昕.新时期天津京剧茶园文化（1980—2015）［Z/OL］.天津记忆［2020-05-23］.网易.